わたしはわたし。あなたじゃない。

10代の心を守る境界線「バウンダリー」の引き方

ソーシャルワーカー
鴻巣麻里香

リトルモア

はじめに

　こんにちは。私は、鴻巣麻里香《こうのすまりか》といいます。職業はソーシャルワーカーです。なかなか聞きなれない言葉かと思いますが、ひとことで言うと「困りごとの解決に役立つ制度や専門家《せんもんか》を探す達人」です。「困りごと」の中身はさまざまですが、私は女性と子どもの支援《しえん》を専門としています。お金がない、病気になった、障害がある、暴力や虐待《ぎゃくたい》を受けている、学校に行けない、いじめや体罰《たいばつ》が苦しい、子育てがうまくいかない……そういった人たちの相談にのり、さまざまな制度（困っている人を助ける仕組みや法律《ほうりつ》）を使い、支援団体や専門家（医療《いりょう》や法律、福祉《ふくし》、心理など）と力を合わせて、解決のお手伝いをしています。世の中（ソーシャル）にある制度や人とかかわり、その人の生活がより安全なものになるよう、環境《かんきょう》（ソーシャル）を整える。だから「ソーシャルワーカー」なのです。実はみなさんが通っている小学校・中学校・高校にもソーシャルワーカーがいるかもしれません。学校にいるのでスクールソーシャルワーカーと呼ばれています。なんらかの「困りごと」を抱《かか》えていたら、その相談先候補にスクールソーシャルワーカーも入れてみてください。よりたくさんの味方を得ることができるかもしれません。

　私も福島県でスクールソーシャルワーカーとして働いています。それだけでなく、仲間たちとKAKECOMI《カケコミ》という団体を立ち上げ、こども食堂や女性とこどものためのシェルター（家にいられなくなったときの避難先《ひなんさき》）、相談室を運営しています。これらの活動を通して、私はたくさんの困りごとを抱えた人たち、子どもたちに出会いました。そこで気づいたのは、ほとんどの人が「バウンダリー」が侵害《しんがい》され、ゆらぎ、苦しんでいるということです。

　さて、**「バウンダリー」**とはいったい何でしょうか？　ひとことで言うと**「わたしはわたし」「あなたはあなた」という心の境界線**です。家庭や学校など、他者とかかわりのある場所では、誰《だれ》かにバウンダリーを踏《ふ》みこえられたり、自分のバウンダリーがゆらぐことで誰かのバウンダリーを踏みこえてしまったりすることがよくあります。結果、人間関係のトラブルやモヤモヤが生じます。

　この本では、みなさんの悩《なや》みやしんどさを「バウンダリー」というキーワードでひもとき、「バウンダリーを引き直す」という対処法《たいしょほう》をいっしょに考え、編みだしていきたいと思います。でも、ぜんぶ読まなくてもOKです。目次を見て気になった部分だけひろい読みしてもかまいません。まえがきだけ読んでバウンダリーという言葉に出会えたなら、本を閉じてもかまいません。この本をどう読むか、どう使うかも、みなさんが決めてよいことです。バウンダリーは、このように小さな「私が決めていい」の積み重ねで守られていきます。

「バウンダリー」ってなに？

バウンダリーは、「目に見えない心の皮ふ」のようなもの。私たちは皮ふを通してさまざまなものを感じます。ぬくもりや冷たさ、やわらかさや硬《かた》さ、心地よさや痛みなど。外からのよくない刺激《しげき》を防ぐだけでなく、自分にとって「受け入れても大丈夫なもの」「受け入れたらつらくなるもの」を感じとり、仕分けをするためのアンテナになるのが皮ふです。仕分けを正しく行うためには、皮ふを健康に保たなければいけません。たくさん傷ついてしまうと、かさぶたが分厚くなって、上手に感じられない。洗いすぎると皮がむけて薄《うす》くなり過敏《かびん》になる。適切にメンテナンスしないと「感じる」力に異常が出てしまいます。

バウンダリーも同じです。厚すぎると、誰《だれ》かと距離《きょり》をとりすぎて孤立《こりつ》してしまう。逆に薄すぎると自分と誰かの境目があいまいになり、影響《えいきょう》を受けすぎてつらくなる。感じる力が強すぎると、あらゆることに心がゆれ動いてしまいますし、鈍《にぶ》ければ言葉や態度で誰かを傷つけてしまいます。厚すぎず薄すぎず、硬すぎずやわらかすぎず、感じすぎず感じなさすぎず、その「ほどよさ」を知ることが大切です。

「権利」ってなに？

自分と相手のバウンダリーを守るために欠かせないのが「権利（人権）」です。**権利は、すべての人が「安全・安心に生きる」ために守られなければならないもの。**もちろん子どもにも権利があり、国連がつくった「子どもの権利条約」には日本も賛同しています。

ここでは、そのなかの４つの軸《じく》を見ていきましょう。

1. 「生きる権利」　命が守られ、健康に暮らせる権利。大人が戦争をしていても、親が貧しくても、子どもはさまざまな支援を受けて暮らすことができます。
2. 「育つ権利」　自分に合った教育を受け、力をのばす権利。また、さまざまなメディアから役に立つ情報を得て、同時に有害な情報から守られる権利でもあります。
3. 「守られる権利」　あらゆる暴力・虐待《ぎゃくたい》・搾取《さくしゅ》から守られる権利。暴力や虐待はあなたを支配する手段。搾取とは自分の楽しみのために相手を利用すること。

巻きこまれると、あなたの「本当はいやだ」と感じる力が鈍ってしまいます。

4.「参加する権利」 あなたの意見が聞かれ、尊重《そんちょう》される権利。そして年齢《ねんれい》や体力に応じて勉強・遊び・休息を自由に選択《せんたく》できることなどです。

「同意」ってなに？

同意とは、相手に自分のYESとNOを表明すること。なかでも「性的同意」は、相手が性的なスキンシップ（身体にふれる、キスをする、性行為《せいこうい》など）を「したい」と望んでいるとき、自分が「したい」か「したくない」かを表明することです。

そもそも「したくない」を表明するのはとてもむずかしいものです。相手の機嫌《きげん》をそこねないかという不安や怖《こわ》さから、「したくない」をのみこんでしまうことが多々あります。そうすると「したくないと言わなかったじゃないか」と責められ、二重に傷つくことになります（二次被害《ひがい》）。

性的同意に限らず、何かを決めるときには、本人同士の「同意」が必要です（「子どもの権利条約」の「参加する権利」）。ですが、正しく同意できるためには、下地としてNO（したくない・いやだ）と言える力、NOと言われても動揺《どうよう》せずに受けとめる力が必要です。

同意と権利は、バウンダリーを守るために必要ですが、日本ではそのどちらもが軽んじられ、子どもたちの「NO」と言う力が奪《うば》われています。だから、この本では「NO」と言うことってむずかしいよね」「基本的な権利すら守られていないよね」ということを前提に話をしていきます。みなさんの悩みがつまった箱のカギ穴に「バウンダリー」というカギを差しこむと、新しい何かが見えてくるかもしれません。

CONTENTS

PART 1

友だち
篇《へん》

中学2年生　アイちゃんの話

苦手な子を誘《さそ》う・誘わない　どう決める？

ちょっとややこしいんだけど、この前起きたトラブル、聞いてもらってもいいですか？

先週、Aちゃんから「みんなで日曜日に映画に行かない？」って誘《さそ》われたんです。Aちゃんが誘ったメンバーは、Aちゃんを入れた女子5人。いつも一緒に行動する子もいればそうでない子もいるんだけど、クラス替《が》えしたばかりだし、仲良しが増えたらいいなーと思って、わたしはOKしました。

それで、メンバーで「映画」っていうLINEグループを作って、やりとりすることになったんです。

そしたらいきなりBちゃんから「Cちゃんも誘っておいたよ！　行けるって言ってた！」と連絡《れんらく》が。「えっ、勝手にメンバー増やしちゃって大丈夫かな？」とわたしは内心ドキドキしたのですが、そこからこんなやりとりが始まっちゃって……。

A「ごめんだけど、私、Cちゃんのことちょっと苦手なんだ。誘う前にひと声かけてほしかったな」
B「えっ、そうなの？　でも、Cちゃん、すごくいい子だよ？　みんなで行ったらきっと楽しいよ」
A「ごめん、Bちゃんはそうかもしれないけど、私は苦手なんだよね…。だから最初に誘わなかったんだけど…」
B「どうしよう…Cちゃん、もう一緒に行く気になっちゃってるし…」
D「Cちゃんにだけ、『やっぱり中止になった』って伝えるのはどう？」
B「でもそれって嘘《うそ》つくってことだよね。私そういうのなんか嫌だな」
D「でも他に方法がないじゃん。Bちゃん、Cちゃんに伝えといてよ」
B「うーん……」

うわ、ややこしいことになってきてる……と思っていたら、Bちゃんからわたしに直接《ちょくせつ》LINEが届きました。

B「ねぇ、Aちゃんひどくない？　Cちゃんはすごくいい子なのに、仲間はずれにするなんて」

わたし「え……」

B「私、仲間はずれに加担《かたん》するのもいやだし、もう行くのやめようかな」

わたし「えっと……でも、Aちゃん的には、Cちゃんを仲間はずれにするつもりは元々なくて、ただ声をかけなかっただけでしょ。Bちゃんも、Cちゃんを誘う前に、みんなに確認したほうがよかったんじゃないかな」

B「えー、そう？　私は、勝手にメンバーが増えても全然大丈夫。誰《だれ》とでも仲良くできるし、仲良くしたいけどなー」

わたし「えええ……」

翌日《よくじつ》、学校に行ったら、Cちゃんが泣いていてびっくり。なんと、前日のLINEでは沈黙《ちんもく》していたEちゃんが、「Aちゃんたちが、Cちゃんにだけ中止になったって嘘ついて、Cちゃんを外したメンバーで映画に行こうっていう話してたよ」とCちゃんに言ってしまったんです。

これってどうなの？　なんでこんなことになっちゃったんだろう？

そもそも、苦手な子がいるってそんなにダメなことなの？

POINT

✶Aちゃんは一度もCちゃんの悪口を言ったことがない。
だからみんな、AちゃんがCちゃんを苦手だと
思っていることを知らなかった。

✶Bちゃんは、Cちゃんを誘《さそ》わないでほしかったという
Aちゃんの気持ちが理解できなくて、
「それって仲間はずれじゃん！」と怒《おこ》っている。

✶Dちゃんは、一度誘ってしまったCちゃんに
「やっぱりこないで」と言うのはかわいそうだから、
Cちゃんに嘘《うそ》をついたほうが丸くおさまるのでは、と思っている。

✶Eちゃんの真意は？　なぜ告げ口をしてしまったんだろう？

✶今回のような問題が発生しないために、
どんなことに気をつけたらいい？

苦手な気持ちはＯＫ。大切なのは言葉と行動

●苦手な人がいてもいいんだよ

誰《だれ》かのことがどうしても苦手。一緒にいると苦しい。

そう感じてしまうことは、自然です。人と人とには相性がありますから。苦手な気持ちそのものにふたをしてしまうと、圧迫《あっぱく》されたその気持ちはかえってどんどん大きくなり、苦しくなってしまいます。苦手な気持ちはＯＫ、そのうえで大切なのは、**苦手な相手に対してどう行動するか、どんな言葉を選ぶのか**です。**それは相手との間に安全な境界線（バウンダリー）をどう引くか、ということでもあります。**

私たちは誰かとかかわるとき、相手の言葉や表情、態度などからいろんなことを感じ、考えて判断し、言葉と行動を選びます。**感情と判断と行動のなかで、他の人から見えるのは行動だけです。**客観的に観察できる行動だけが、相手に伝わります。

さて、アイちゃんのお話を聞いて気づいたのは、誰かの行動が他の誰かによってさまざまに受けとられ、判断され、その判断が行動した人（主体）の意図や感情とズレることで、トラブルになってしまっていることです。

●お互いの安全を守るために「誘《さそ》わない」

まず「AさんがCさんを誘《さそ》わなかった」という行動。この行動をBさんは「仲間はずれだ」と判断しました。それはBさんの価値観によるジャッジ（決めつけ）で、Aさんの真意ではないようです。Aさんはもしかしたら、「Cさんと一緒にいると苦しくなってしまう。そうなると空気も悪くなるし、態度に出てCさんを傷つけるかもしれない。休みの日に苦手な子と一緒にいて疲《つか》れてしまうことも防ぎたい。だから誘わないでおこう」と考えて、Cさんを誘わないという行動を選んだのかもしれません。これはAさんとCさんの間の**「安全な距離《きょり》」、つまり境界線（バウンダリー）を守るための選択《せんたく》であり行動だと言えます。**

しかしながら、特定の誰かを誘わないことが、「仲間はずれ」だと見なされてしまうことはよくあります。先ほど伝えたとおり、他者から見えるのは行動だけ。「Cさんを誘わない」という行動を「仲間はずれ」だとジャッジする人がいたということは、「A

さんの行動ってほんとうにそれで良かったの？」とハテナマークがつくことになります。

●ポジティブに意図を伝えよう

では、Aさんはどうすれば良かったか。例えば、今回の集まりはAさんが発起人《ほっきにん》なので「クラス替《が》えの機会に、まず私が個人的に仲良くしたいなって特に思った人を誘いました。大人数になると私も緊張《きんちょう》して楽しめなくなってしまうので、今回はこのメンバーだけで行きたいと思います。それぞれ誘いたい人もいるかもしれませんが、それはまたの機会にしてくれるとうれしいです」などと説明してみる。

「苦手な子を誘いたくない」と言うとネガティブな印象になりますが、「特に好きな人だけ誘いたい」ならちょっとポジティブになります。**Cさんを誘わないという行動は同じでも、「言い方を変える」ことで、周りの人の受けとり方を変えることができるかもしれません。**

●あなたとわたしは「違《ちが》うこと」を感じている

次に、「他の人に相談なくCさんを誘った」というBさんの行動について。Bさんの行動は、「私はCさんが好き（だから他の人も好きに違《ちが》いない）」「私は勝手に人数が増えても気にしない（だから他の人も気にしないに違いない）」という、「自分はそうだから他の人も同じに違いない」という思いこみと決めつけから来ているようです。Bさんは「わたしはわたし。あなたはあなた。その違いを尊重《そんちょう》しよう」というバウンダリーを超えてしまっているな、と私には見えます。

ただ、「Cさんも誘いたい」というBさんの願いも大切です。ひとこと、事前に「Cさんも誘いたいんだけどいいかな？」とメンバーに相談していたらここまでのトラブルにはならなかったかもしれません。

●「仲間はずれはいけない」は本当？

さらに、BさんがAさんの行動を「仲間はずれ」だと言っているのも決めつけです。でも、おそらくBさんは「仲間はずれをゆるさない私は正しい」と信じていることでしょう。

たしかに学校では「みんなと仲良く」「仲間はずれはいけない」と教わります。ですので、Bさんと同じように考える人は少なくないかもしれません。

実際、Eさんもこの状況《じょうきょう》を「仲間はずれ」だと判断しているようでした。Eさんがなぜ告げ口をしたのかは、想像するしかありません。自分は「仲間はずれ」に加担《かたん》したくないと思ったのかもしれないし、Bさんと同じく「仲間はずれ」がゆるせないという気持ちがおさえられなかったのかもしれません。Cさんに嘘《うそ》をつくことは「正しくない」と思ったのかもしれません。

ですが、**人間関係において大切なのは正しさだけではありません。**誰かとトラブルになったときに「正しいか／間違っているか」という軸《じく》を持ちこむと、永遠に平行線になってしまいます。どんなに加害的で「良くない」行動でも、その人にとっての「正しさ」がある場合が多いからです。**気をつけたいのは「バウンダリーを大切にしているかどうか」の一点です。**

●嘘はバレる　秘密は大切

もうひとつ、「嘘をつく」ことでその場を平和にまとめようとしたDさんの提案について。前提として、教室というクローズドな（閉ざされた）空間でついた嘘は、だいたいバレます。事実を偽《いつわ》ることにストレスを感じる人は少なくありませんし、「嘘はいけない」という強い義憤《ぎふん》を持っている人もいます。Dさんにとっては「誰かを傷つけないためなら嘘も必要」なのかもしれませんが、その価値観はすべてのメンバーに共有されているわけではありません。ですので「嘘をつく」という提案は、他のさまざまな場面においても、基本的に却下《きゃっか》したほうが良いでしょう。

私はよく自分の子どもに**「秘密を持つのは（それが自分を傷つけるものでない限りは）OKだけど、嘘はNG」**と言います。親しい間柄《あいだがら》でしか通じない秘密、自分だけの秘密、これは大切です。自分自身の内面や親しい人との関係性を守る秘密は、バウンダリーでもあるからです。

ただ今回の件は、BさんがCさんにすでに映画に行くプランを話してしまったので、何をどう説明しても秘密ではなく嘘になります。秘密と嘘はそれこそ境界線があいまいですが、相手をあざむく嘘が良い結果をもたらすことはほとんどありませんし、偽りの情報で相手を操作しようとする嘘も、バウンダリーを超える行為《こうい》だと言えます。

●自分のバウンダリーを大切にする

このエピソードを読んで、「いいな」と思ったことがいくつかあります。まずAさんがCさんを苦手に思っているということを、誰も知らなかったということ。このことから、ふだんAさんが「Cさんのことが苦手」だという気持ちを態度に出さないように、慎重《しんちょう》に言葉や行動を選んでいたのだと推測できます。

そして、AさんがBさんに対して「誘う前にひと声かけてほしかったな」と自分の願いを率直に伝えられていること。自分のなかの苦手な気持ちを否定せず、でも行動はコントロールできている。

さらに、「（あなたが）こうしてよ」ではなく、「（私は）こうしてほしい」という言い方ができている。どちらもバウンダリーを大切にできていることを意味しています。

ただ、Aさんは「自分の判断で誰かを誘う人がいるかもしれない」「誰か特定の人を誘わないことをよく思わない人もいるかもしれない」という、自分と他の人との「違い」についてまでは想像が及《およ》ばなかったようです。

人との違いをすべて想像することは困難です。困難ではありますが、**「正しいかどうか」ではなく「違っている」点に軸を置くと、気持ちの面でのギスギスやモヤモヤを、少しは回避《かいひ》できるかもしれません。**

●苦手な人と距離《きょり》をとるには？

最後に。アイさんの言う「苦手な子がいるってそんなにダメなことなの？」という疑問ですが、まったくダメではありません。そして大人になってから自分を助けてくれるのは、みんなと仲良く（そんなこと不可能ですし）よりも「ひとりで楽しむ」力だったりします。

もちろん悪意から誰かを排除《はいじょ》することは加害ですが、「合わないから避ける」という行動は、将来自分を助けてくれます。**「おはよう」「バイバイ」などの最低限のあいさつ、「ありがとう」を伝えることや無視をしないなどの礼節さえ守っていれば、それ以上近づく行動は不要**だと私は考えますし、何より内心は自由です。

「(悪意ある) 仲間はずれはよくない」は間違いではありませんが、その根っこに「ひとりぼっちはかわいそう」というジャッジがあると、そのうち自分自身も苦しくなってしまうかもしれません。

この本を読んでいる大人のみなさんへ

以前、当時高校生だった娘と病院に行った際、待合室で小さな子どもが遊んでいました。やがて別の子どもがやってきて、一緒に遊ぼうとしました。ふたりは今日初めて、ここで偶然会ったようです。先に来ていた保護者さんが、自分の子どもに「お友だちと仲良くね」と声をかけました。それを聞いた娘がぽそっと呟きました。

「大人ってすぐ『お友だち』って言うけど、今偶然出会ったばかりの相手が友だちなわけないよね。学校も同じ。ただ勝手に同じクラスに入れられただけで『お友だち』じゃない。誰と友だちになるかは自分で決めることなのに」

なるほど、たしかに大人は無意識のうちに子どものバウンダリーを侵す言葉を使ってしまっているのだな、と気づいた場面です。

空間を共有すればみんな友だち、だからみんな仲良く。それが正しくて当たり前であることを大人は期待しているのだと、なにげない場面の数々で子どもたちは学習します。結果として、例えば誰かのことが「好きになれない」ときにその自然な反応に蓋をしてしまったり、そんな自分はダメだと自分を責めてしまったり、無理をして苦しくなってしまったり、無理ができなくなると気持ちを抑えきれなくなって爆発してトラブルになったりします。

嫌な相手や苦手な相手がいても、仕事上の付き合いにとどめて、とりあえず礼節だけ守って、プライベートでは距離をとる。私たち大人が当たり前にやっていることが、なぜか子どもたちには許されていません。同じクラスなんだからみんな友だち、みんな仲良く、それが正しい。クラスを「会社」や「ＰＴＡ」や「町内会」等に言い換えたら苦しいですよね。大人が苦しくなることを子どもたちに求めるのはやめにしませんか。

学校では「みんな仲良く」よりも「苦手な相手がいても礼節を守って接することができる」や「相手とほどほどの距離をとる」を身につけたほうがずっとその子の心の健康に良い効果があり、将来役立つと思います。だから、例えばお子さんが誰かとトラブルになったら、**「仲良くしなさい」と叱る前に「何があったか」を尋ねてください**。そして「誰かのことが苦手だ」という言葉を聞いたら、**「苦手だと思うこと」を否定せず、「苦手な気持ちを持ってしまう相手と、どう安全な距離をとるか」の対策を一緒に考えてあげてほしい**と思います。そしてもしお子さんのなかに「誰とでも仲良くするのが正しい！」という信じこみがあるときは、そう信じることでこの子の何が守られるのだろう？と探りながら、いずれその子自身を苦しめることになるその信じこみから少しずつ自由になっていけるよう対話を続けていただきたいと思います。

高校1年生　ウエくんの話

男子同士のノリとか恋バナがしんどい

クラスの友だち同士で、「恋バナ」で盛り上がる空気があるんだ。誰《だれ》を誰が好きだとか、誰が誰に告白したとか、誰と誰が付き合ってるとか。

うわさで盛り上がってるうちはまぁいいんだけど、そのうち始まるのが、「で、ウエは誰が好きなの？」っていうやつ。笑ってスルーしようとしたら、「友だちなんだから教えろよ！」って言われてしまう……。

みんなには内緒にしてるけど、僕《ぼく》の恋愛対象は、女子じゃなくて、たぶん男子だ。別に仲のいいグループの中に、好きな人がいるわけじゃない。でも、そのことはここでは言わないほうがいい気がしてる。だって、いい感じの未来がまったく見えないし。言ったら最後、なんて言われるかわからない。自分はきっと傷ついてしまうっていう予感がある。だから、怖《こわ》い。

クラスの女子の誰がかわいいとか、誰の胸が大きいとか、誰がかわいくないとか、そういう話を日常的にみんなが大声でしてて、そういうノリに混ざるのも嫌で。女子が不快そうな顔でこっちを見てることに気づくと、「ごめん、ほんとにごめん」っていう気持ちになる。

でも「そういうのやめようよ!」ってみんなに言う勇気もない。それに僕は、そういう悪ノリモードのときに、友だちからいきなり肩《かた》を組まれたりするのも好きじゃない。なんか、ビクッとなる。

でもそれを言うと、「男らしくない」みたいに思われるんじゃないかと思うと、嫌だってことを言い出せない。

昨日も悪ノリのトークが盛り上がって、僕がまた笑ってごまかしてたら、「ウエって全然自分のこと話さないよな。友だちなのにな」って言われて、すごくつらくなった。恋バナしないと心開いてないとか、壁《かべ》作ってるとか、そういう価値観なんなの?って思うけど、自分がそう思っていることを説明するのも面倒くさい。黙《だま》っていたら、「面倒くさい」だった感情が、だんだん「不安」に変わってきた。「僕が男子が好きっていうことがバレてしまうんじゃないか」っていう不安。その間もひっきりなしに「だからウエは誰が好きなんだよ！」ってきかれるから、つい思考停止して、「山瀬さんがかわいいな、って思ってる」って答えてしまった。確かに山瀬さんはかわいいと思うし、好きだけど、恋愛感情ではない。でも、言ってしまった。

それを聞いたときのみんなのうれしそうな顔……。僕の顔がひきつってたの気づかなかったのかよ。そんなに僕の恋バナはうれしいのかよ。

あー。こういう同調圧力《どうちょうあつりょく》ってしんどい。

POINT

✶ウエくんは「恋バナ」が苦手。
急に肩《かた》を組まれるノリも嫌だ。
でも、周りのみんなは平気そうだから、
自分だけが変なのか？と思っている。

✶ウエくんは同性が恋愛対象で、
そのことを友だちには知られたくない。

✶なぜ「友だちだから」って、
好きな人を明かさなきゃいけないの？
それでほんとうに絆《きずな》が深まるの？

✶ウエくんは、みんなに嘘《うそ》をついたとき、
ものすごくしんどい気持ちになった。なぜだろう？

✶ウエくんがこの教室で自分らしく過ごすためには、
どうしたらいいかな？

みんなのノリがしんどいのは、誰《だれ》のせい？

●ノリに合わせるのって疲《つか》れるよね

ウエくんのエピソードを読んで「わかるわかる」と首をぶんぶんさせた人は多いのではないでしょうか？　でもその人たちのほとんどが、自分には合わない「ノリ」の話に「なんとなく合わせる」ことを選んでいるかもしれません。気乗りしない話をふんふんと聞き流しながら「なんとなく場の流れに合わせる」こと自体は、間違《まちが》った対処法《たいしょほう》ではありません。**内心までは明かさず、踏《ふ》みこませず、ノリだけは合わせる。それもバウンダリーを守る対処法です。**

ただ、それが効果的なのは、「合わせるとちょっと疲《つか》れる」程度の話題だけです。ウエくんにとって「恋バナ」や「女子」の話は、自分のセクシュアリティ（性のあり方）を否定されたように感じたり、自分で自分を否定することにすらなってしまう話題です。そして近くで聞いている人たち（特に女の子）のことも傷つける話題なのです。

では、なぜこのように加害的な話題が当たり前にされているのでしょうか？　いくつか理由があり、どの要素にも「バウンダリー」がからんでいます。

・「彼氏彼女がいることがリア充《じゅう》」で「思春期の子は恋バナが好き」という価値観が「ふつう」だとされてしまっていること

・「友だちならなんでも打ち明けるのが当然」という決めつけ

・同性同士（生物学的に同じ性を持つ人同士）の身体の触《ふ》れあいに同意はいらないという誤った前提

・「異性を品定めするような話で盛り上がるのが男らしい」という「有害な男性らしさ」の存在

・「ここにいる全員がシスジェンダー（生物学的な性と自認する性が同じである人）でありヘテロセクシュアル（異性を好きな人）に違いない」という決めつけ

●「思春期×恋愛＝リア充《じゅう》」の圧迫《あっぱく》感

まず、「彼氏彼女がいることがリア充」という価値観は、誰《だれ》が決めたのでしょうか？

「リア充」は「リアル」つまり現実の生活が充実して楽しいという意味ですが、充実のさせ方はそれぞれです。大人数でわいわい楽しむことで充実する人もいるし、ひとりで趣味《しゅみ》に没頭《ぼっとう》して充実する人もいる。推《お》し活で充実させる人もいます。なのに、いつの間にか「リア充」は「彼氏彼女がいる」ことを意味するようになってしまいました。

たしかに、成長にしたがって性への興味が湧《わ》くことや、恋愛へのあこがれが強くなることはあります。ですが、「思春期×恋愛＝リア充」という価値観が当たり前であるかのような空気は、この社会で不自然なほど強められているように感じます。

例えば、「思春期の恋愛」はマンガやアニメやドラマ、小説、あるいは音楽やＣＭといったコンテンツにたくさん描《えが》かれています。当然ですが、そういったコンテンツは売り物です。彼氏彼女を作ってリア充になるためにはかわいく、かっこよくならなきゃいけないという空気を強めれば、メイクやファッション、あるいはダイエットや美容整形といった産業が儲《もう》かります。思春期と呼ばれる年代の子どもたちの恋愛や性への関心を高めることで、得をする大人たちがいるのです。本来ならいろいろなことに関心があるはずなのに、社会全体がその個性というバウンダリーをゆるめにかかってきているのです。

「悪いけど、恋愛とかより他に楽しいことがあるんだよね。だからそういう話題あんまり乗れないんだ」と誰かひとりが口火を切ったら、「実は私も」という人は大勢いると思います。でもそれすら言い出せないくらい「思春期×恋愛＝リア充」の空気が蔓延《まんえん》し、圧迫《あっぱく》してくるのです。

●友だちにだって、言いたくないことは言わなくていい

次に、「友だちならなんでも打ち明けるのが当然」という決めつけです。もちろん「友だちには隠《かく》しごとをしたくない」「なんでも話せる」という人はいます。ですが、友だちにだって言いたくないことがある、秘密を持ちたい、そう考える人もいます。**「わたしは友だちにならなんでも話せる」はOKですが「友だちなんだからなんでも話すべき」になるとバウンダリーを踏みこえることになります。**

そしてウエくんが友だちから要求されているのは、恋バナです。そこには「ウエくんは異性を好きなはずだ」という決めつけもあります。そういったコミュニケーションでは、自分という存在が大切にされているように感じるのはむずかしく、しんどくなります。

さらに、ウエくんはしんどいにもかかわらず、友だちとの関係を維持《いじ》するために、「山瀬さん」を利用してしまいました。自分の心を偽《いつわ》った回答をしたこともしんどいし、無関係な誰かを巻きこんでしまったこともしんどいはずです。**男子グループに所属《しょぞく》していることでウエくんが得られるメリットを同調圧力《どうちょうあつりょく》のしんどさが上回ったら、思い切って「好きな人については言いたくない。言いたくないことを大切にするのが友だちじゃない？」と返してみてもいいかもしれません。**

●友だちとの距離《きょり》感は自分で決めていい

ウエくんは他者から肩《かた》を組まれたり、身体に触れられることに不快感を抱《いだ》いています。例えば、異性同士、特に男性が女性の身体に同意なく触れてはいけないということは、まだ不十分ではあっても「当たり前」だとされるようになりました。しかし同性同士、もしくは女性から男性に対しては同意は必要ないと思っている人はたくさんいます。**多数派であっても、それは「平気な人が大半だ」ということを意味しません。実は同性から触れられるのもつらいと感じる子は少なくありません。**ですが「みんな平気そうに見える」から、ウエくんのように「自分だけ嫌なのかな」「自分は変なのかな」と思ってしまいます。

他者との心地よい距離《きょり》感は人それぞれです。特に子ども同士の関係では、身体的な距離感が近いと「仲良くしている」ように見え、それが「良いこと」のように受けとられる傾向《けいこう》があります。身体的な距離感を近くすることで、集団の中の一体感が出るという効果もあります（部活動で試合前に円陣《えんじん》を組むなどもこの効果をねらってのことです）。

しかし、**そこに性的な意図があろうとなかろうと、他者の身体に同意なく触れることはバウンダリーを踏みこえる行為《こうい》です。**このことが当たり前の世の中になるにはまだ時間がかかりそうですが、まずは**「嫌だと感じる自分は おかしくない」**と自分に伝えてあげてください。

●「男らしさ」にしばられてしんどい

ウエくんは、女の子を品定めするような男の子同士の話を聞いた女の子が嫌そうにしていることに気づいています。ウエくんが推測しているとおり、異性を一方的にジャッジし、時に容姿や体つきにまで触れるような話は、その対象となっている側にとってしんどい、加害的なものです。

「異性に聞こえるように異性を品定めする話をする」人は男女関係なくいます。ですが、私のもとに寄せられる「異性からみんなに聞こえるように顔や身体について言われた」という相談は、大多数が女の子からです。そういった相談には「先生も聞いていたのに『男子は元気だな』くらいしか言わなかった」と続くことがあります。

男子が女子の身体や顔について大勢の前でコメントし、それがゆるされてしまうことには、「有害な男らしさ」という問題がからんでいます。ちょっとくらい乱暴《らんぼう》で「やんちゃ」なほうが男らしい、強くてたくましいのが男らしい。そういった「男らしさ」の像に、男性自身がしばられてしまっています。言いかえれば、弱音を吐《は》いたり誰かに配慮《はいりょ》したりするのは「男らしくない」となるので、この男らしさは男性のことを苦しめるものでもあります。男の子も女の子も苦しめるので「有害な」男らしさなのです。

有害な男らしさは、男性優位で世の中を動かしていくために男性自身によって作られ、維持されてきました。男性優位であるために「女性を品定め」すること、つまり女性を「モノ」として扱《あつか》うことも容認《ようにん》されます。男の子にもいろんな個性があります。有害な男らしさは、それぞれの男の子の個性に圧力をかけて塗《ぬ》りつぶすという意味でも、異性にとって安全な環境を脅《おびや》かすという意味でも、バウンダリーを侵《おか》すものです。

●苦しいのはあなたのせいじゃないよ

日本の高校には、だいたい1クラス20人から40人の生徒がいます。それだけの人数が集まれば、セクシュアリティはさまざまなはず。異性が好きな子もいれば同性が好きな子もいる。どちらも好きになる子もいれば、誰も性愛の対象にならない子もいます。生物学的な性と自認する性が一致している子もいれば、違和《いわ》があったり一致しない子、自認する性がゆれ動く子もいます。

性的マイノリティ（LGBTQ）についての理解は、学校現場でも進んでいますが、「特別なケース」として扱われることがまだまだ多いです。さまざまなルールから日常のコミュニケーションに至《いた》るまで「シスジェンダー（生物学的な性と自認する性が同じである人）・

ヘテロセクシュアル（異性を好きな人）」が標準とされていれば、当然「そうでない子」にとって安心できる居場所ではなくなってしまいます。学校という空間のあらゆる場面で、多様な子がいるというバウンダリーが軽んじられてしまっているのです。

そのような学校で、教室で、ウエくんが自分らしく過ごすにはどうしたらいいか？とても申し訳ないのですが、実は提案できる効果的な方法はあまりありません。なぜなら、ウエくんが教室に感じる「いづらさ」を作った原因の多くは大人にあり、ウエくんが自分らしくいられるためには大人が教室の仕組みやルール、子どもたちにかける言葉を変える必要があります。

ウエくんの苦しさの原因は、ウエくんのなかにはありません。ウエくんの周りにあります。周りにあるさまざまなもの、バウンダリーがぐちゃぐちゃになった仕組みや価値観や言葉や関係性がウエくんを苦しめているのですから、**自分を保つために必要なのは「しんどいときにそこから離れる。離れられる避難先《ひなんさき》を持っておくこと」**の一択《いったく》です。

ウエくんと同じしんどさを抱《かか》えた人は他にもたくさんいます。オンライン、オフラインで「しんどいね」「ひとりじゃないよ」と発信し、つながる試みも増えてきています。そういった場所が「避難先」になってくれるかもしれません。

この本を読んでいる大人のみなさんへ

このエピソードを読んで「ウエくん、大変だな」と思った大人のみなさん。「なぜウエくんは苦しいのか」から「何がウエくんを苦しめているのか」に、視点を変えてみてください。

有害な男らしさも、思春期への決めつけも、子どもたちを搾取《さくしゅ》する経済システムも、シス・ヘテロが基準となった仕組みも、身体の接触について同意が軽んじられているのも、すべて私たち大人が作った問題です。「苦しい」と言う子に対して「こうしたらいいよ」という助言だけが正解ではありません。「そうだね、苦しいね」と聞くことがしんどさをさらに深くすることもあります。どちらも「しんどいあなた」に向き合っているからです。そこには「あなたをしんどくさせるもの」という視点が抜け落ちています。

学校で、家庭で、シス・ヘテロが当たり前という前提で子どもに接していませんか？
男の子はちょっとくらい粗暴でヤンチャなほうがいいと思っていませんか？
恋愛に興味があるのが高校生としてノーマルだと思っていませんか？
同性同士で身体に触るのに同意はいらないと思っていませんか？
自分のお子さんの、あるいは周りにいるお子さんの見た目や容姿にコメントしていませんか？

どれかひとつでも当てはまるなら、ウエくんを苦しめている側にいるということです。そして変わらなければならないということです。

バウンダリーは「加害されない」ために必要な境界線です。子どもと接するためにまず必要なのは、加害しないことです。大人は子どもに「良いことをしよう」とがんばりますが、いくら良いことをしようとしても加害を続けていたら子どもはつらいままで、やがて大人を避けるようになります（それを反抗期や思春期だと言われてさらに閉じてしまいます）。

有害な男らしさ、そして女らしさという決めつけ、同意のない接触、見た目や容姿について言われる、これらによって私たち大人も苦しんだはずです。子どもに自衛や対処を求めるのであれば、私たち大人も「加害をやめる」という責任を果たしましょう。

高校2年生　オカちゃんの話

親友の秘密を話してしまったら

きくちゃんから「私、女の子が好きかもしれない」って聞いたのは、夏休み前の放課後だった。

きくちゃんとは今年はじめて同じクラスになった。私は友だちを作るのが苦手だから、始業式の日は学校に行くのもドキドキだったんだけど、きくちゃんが話しかけてくれて、うれしくて。それからすごく仲良くなって、お互《たが》いにいろんなことを話しながら、毎日一緒に帰るようになったんだ。

女の子が女の子を好きになることが「ふつう」だっていうのは、小学校のときに性教育の授業で聞いたし、ＳＮＳでもマンガでもたくさんそういう話が出てくるから前から知っていたし、特になんとも思わなかった。

でも、私はかっこいい男子にときめくタイプだし、私の周りには女の子同士のカップルもいなかったから、自分にとって同性を好きになる人は、「『ふつう』だけど、周りにはいない」人だった。だから、きくちゃんからそのことを聞いたときは、軽く興奮《こうふん》してしまったし、わー、きくちゃんかっこいいなって思った。それから一瞬《いっしゅん》「きくちゃん、私のこと好きだったりする？」って思ったけど、いやいや、自意識過剰《じいしきかじょう》だよね、と打ち消した。

それで、なるべくフラットに「へえ、そうなんだ」とだけ伝えたら、きくちゃんは「オカちゃんに聞いてもらえてよかった」と静かに言った。その顔はとてもうれしそうだった。私はきくちゃんとの距離《きょり》がグッと縮まった気がして、「なんでも話してよ！」と明るく言ったんだ。

それからひと月はいつも通りに過ぎた。きくちゃんとも変わらず仲がよかったし、毎日楽しかった。

そんなある日、となりのクラスのさっちゃんから呼び出された。

「ねぇ、オカちゃんってきくちゃんと仲良いよね」

「いいけどなんで？」

「きくちゃんが椎名先輩のこと好きってうわさを聞いたんだけど、何か知ってる？」

「は？」

「いや、ちょっと、気になってさ。きくちゃんかわいいし」

「あ、さっちゃん、そういうことか…」

「まぁそんな感じ…」


どうやらさっちゃんは椎名先輩のことが好きで、椎名先輩ときくちゃんの間に何かないか気になってるみたい。なんじゃそりゃ。そんなわけないじゃん！きくちゃんは男子を好きにならないんだから！

そのとき私は、きくちゃんがみんなから誤解されるのはすごく嫌だな、と思った。それでとっさに、

「それはないと思うよ。きくちゃん、恋愛対象女の子だって言ってたし」

と言ってしまった。

さっちゃんは
「えっ！　まじで！！」

と、ちょっとどうかと思うほど驚《おどろ》いた。それからしばらくして、

「そか、わかった。ありがとう！」

と言うと走っていった。

え、なんでそんなに驚くの。それは「ふつう」のことだし、世の中にはたくさんある話だし……と、私は戸惑《とまど》った。でもなぜか、「オカちゃんに聞いてもらえてよかった」っていうあのときのきくちゃんの声が頭から離れなくて、胸がモヤモヤしたんだ。


それからしばらく経って、きくちゃんは学校に来なくなってしまった。

私がLINEをしても、電話をしても、きくちゃんは出なかった。なんとなく学校の周りの子たちの雰囲気《ふんいき》で、きくちゃんのあのことをみんなが知ってるんだな、という気がした。でも、誰《だれ》も表立ってきくちゃんを悪く言ったり、笑ったりしているわけでもないし、表面的には何も変わらない毎日だった。

きくちゃんは明るくてやさしくて、みんなから好かれてた。だからきくちゃんが学校に来ても、きっと今まで通りだと思う。……思うんだけど、きくちゃ

んは、来ない。

私はきくちゃんを親友だと思ってる。だから私が原因だったら謝《あやま》りたいし、心配いらないよ、って伝えたい。きくちゃんは今、何を思っているのかな。

私はきくちゃんの大切な何かを壊してしまったのかな？

POINT

✶オカちゃんは、きくちゃんが同性愛者だと聞いたとき、
なぜ「軽く興奮《こうふん》」して、「かっこいい」と思ったんだろう？

✶オカちゃんは、さっちゃんの誤解をときたいと思ったから、
きくちゃんは男の子を好きにならないよ、と伝えた。

✶オカちゃんはきくちゃんに学校に来てほしい。
そのために、どうしたらいい？

✶他のシチュエーションでも
こういうことが起こらないようにするために、
オカちゃんはどんなことに気をつければいい？

悪意がなくても差別は差別

● 差別ってなんだろう？

まず、オカちゃんにお伝えしたいことがあります。**差別の多くは「悪意のないもの」**なんです。オカちゃんがどれだけきくちゃんのことが好きでも、きくちゃんが「女の子が好きかも」と聞いて「軽く興奮《こうふん》」したとき、すでに差別のスイッチが入っています。

私自身のことを少しお話しします。私は「ハーフ」です。母親が外国籍《せき》で、父親が日本人。私は髪《かみ》の色も目の色も茶色、見た目はいわゆる「欧米系《おうべいけい》」です。身長も170センチあります。多くの人は私を見ると「ハーフ？」ときいてきます。「そうですよ」と答えると、「いいな！」「すごい！」「かっこいい！」などと言います。どうやら私をほめてくれているようですが、私はちっともうれしくありません。むしろ戸惑《とまど》いますし、不快ですらあります。

私は日本で生まれ育ちましたが、初対面の人に「日本人？」とはききません。私がそういたら、きっとみんな「なんでそんなことをきくの？」とびっくりするでしょう。でも私にはきいてきます。自分がきかれないことを、相手にはきける。これは差別です。**差別は必ずしも悪口やいじめ、仲間はずれといった行動に出るものではありません。**

●差別の芽《め》は心のなかにある

オカちゃんはきくちゃんが「女の子が好きかもしれない」と聞いてテンションが上がりました。でもきくちゃんは、オカちゃんが「私はかっこいい男子にときめく」と言ってもテンションは上がらないはずです。つまり、ふたりの関係は、オカちゃんのなかではイコールではないんです。ここですでに差別の芽《め》が生まれています。きくちゃんを「かっこいい」と思っていることも差別です。まずはそれを認めましょう。

ふたりの間に起きてしまったことは、オカちゃんがきくちゃんに「かっこいい」と思って興奮したことを、差別だと気づけなかったところからはじまっています。きくちゃんはオカちゃんを信頼して、ふたりはより仲良くなりました。きくちゃんがオカちゃんを信頼したのは「女の子が好きかも」という言葉に過剰《かじょう》反応せずフラットに聞いてくれたからだと思います。**反応を出さず、おだやかに話を聞くことができたのは、適切な対応です。**私も初対面で私の見た目や出自に触《ふ》れず、ふつうに話してくれる人には安心できますから。態度に出さないのはOKですが、内側で起きていることについて「なぜ私は興奮してるんだろう」としっかり調べなかったこと、その興奮に差別という名前をつけなかったことが、きくちゃんからの信頼を損《そこ》なう原因となってしまったように思えます。

●「ふつう」を決めているのはだれ？

おそらくオカちゃんのなかには「かっこいいと思うのは差別ではない」という思いがあったのだと思います。学校教育のなかで差別とは何かをしっかり学ぶ機会はほとんどありませんから、しかたのないことかもしれません。

加えて、オカちゃんは学校でもＳＮＳでも「女の子が女の子を好きになるのはふつうだ」という情報にたくさん触れていました。この「ふつう」も厄介《やっかい》です。何がふつうでなにがそうでないかを、誰《だれ》が決めるのでしょうか。多数派（マジョリティ）が「ふつう」だと認めたらふつうになるのでしょうか。

大切なのはふつうか否か、ではありません。たとえ「ふつうじゃない」としても、**不当に差別されないこと、マジョリティの気持ち次第で扱《あつか》いが変えられないことです。**

●みんなと違《ちが》うからって何も変わらない

オカちゃんは、やさしくて明るいきくちゃんはみんなに好かれていたから、差別やいじめの対象になるはずがないと思っているようです。くり返しますが、「みんなに好かれている」から差別されないというわけではありません。**「みんなと違《ちが》うきくちゃんを受け入れてあげるかどうか」を「他のみんな」が決めるという関係性そのものが差別です。**きくちゃんは受け入れてもらうために「やさしくて明るくて好かれる」人でありつづけなければならなくなります。これが差別であり、きくちゃんにとってもう学校は自分らしく、安心して過ごせる場所ではなくなってしまいました。

●「ふつうじゃなさ」を楽しむのも差別

もしさっちゃんが「言いふらした」として、その理由はなんでしょう。恋のライバルの「弱み」をにぎって悪意から言いふらしたのかもしれませんし、悪意はなく、オカちゃんと同じくなんだかテンションが上がって、仲の良い誰かにこっそり話したのがどんどん広まって……だったかもしれません。

いずれにせよ、さっちゃんもきくちゃんを「特別だ」と感じて、そのドキドキや興奮を誰かと分かちあいたくなってしまったのではないでしょうか。

同性愛を扱ったコンテンツはたくさんあって、どんどん増えています。同性愛が「ふつう」であればそれも当然ですが、「ふつうじゃない恋愛をふつうの人＝マジョリティが楽しむためのもの」という位置づけになっている側面もあります。言いかえれば、マジョリティがマイノリティ（少数派）を「消費」しているということです。

想像にはなりますが、みんなと違うきくちゃんの性的指向《せいてきしこう》についてのうわさは、同級生にとってはちょっとした非日常を感じさせてくれる、「消費」の対象となっていたのではないでしょうか。きくちゃんは誰が好きなんだろう、きくちゃんに告白されたらどうしよう、個性的でかっこいい……いずれにしても、悪意のない差別です。

●きくちゃんはどんな思いだった？

性的マイノリティ（ＬＧＢＴＱ）の多くは、ふだん通りの生活を送るために、慎重《しんちょう》に行動を選んでいます。自分たちがどう見られているか、自分たちについてどんな言葉があふれているか、たくさんの情報を検索《けんさく》しています。その検索結果のなかには当然、差別にかんすることもあります。

自分の性的指向が同級生に知られてしまったら、その先で何が起きるか。どんな視線や言葉が向けられるか、きくちゃんはつらい想像をたくさんしたと思います。

●言いふらす＝アウティングは絶対にダメ

本人の同意と承諾《しょうだく》なく、その人の性自認《せいじにん》や性的指向を第三者に言いふらすことを「アウティング」と言います。言いふらすにはSNSに書きこんだり、「秘密だよ」という前提で特定の個人に伝えることも含《ふく》まれます。

オカちゃんのしたことは、このアウティングにあたります。これはきくちゃんが「秘密だから誰にも言わないでね」と言ったかどうかは関係ありません。**アウティングはその人の居場所を奪《うば》います。人への信頼、場所への安心感、自分らしくいていいというバウンダリーが破壊され、生きていたくなくなるくらいに追いつめられることもあります。**実際にアウティングされたことで、自分で自分の命を断ってしまった人もいます。

●うわさ話や恋バナが友だちを傷つけている

性的マイノリティは、10人～13人にひとりいると言われています。各学校、各クラスに、自分がそうであるとカミングアウトしていない当事者がいるのです。つまり、**悪意のないうわさ話や「恋バナ」そのものが、彼らを深く傷つけてしまうということです。**「誰かを傷つけるかもしれないことには慎重になりましょう」と言われると、窮屈《きゅうくつ》に感じるでしょうか。ですがマイノリティは、ずっと密かに「窮屈さ」を抱《かか》え、苦しんでいました。うわさ話や恋バナが好き放題にできないからといって、生活の安全も命も脅《おびや》かされません。他に楽しいことはたくさんあるはずです。

●まず、きくちゃんに謝ろう

さて、きくちゃんと仲直りしたいオカちゃんへ。まず謝りましょう。でもゆるされること、仲直りできることは期待しないでください。ゆるすかゆるさないか、またオカちゃんと仲良くなるかどうかはきくちゃんが決めることです。オカちゃんがどんなつもりだったか、悪意があったか、きくちゃんのことが好きであるかどうかは関係ありません。何度かくり返していますが、**相手に見えるのは行動だけ**です。

オカちゃんは自分がプライベートを明かしてそれを広められても気にしないから、きくちゃんも気にしないはずだと推測しました。そして「きくちゃんのためを思って」、きくちゃんの性的指向を第三者に話してしまいました。どちらも自分本位の判断で、「きくちゃんは自分とは違う」というバウンダリーを踏みこえています。

結果として、きくちゃんを深く傷つけてしまいました。相手には何も期待せず、自分の「つもり」を持ち出さず、ただ自分のしたことの責任を引き受けるためにする。それが謝罪です。

この本を読んでいる大人のみなさんへ

差別とは何か。私たち大人も十分に理解できていません。特に差別には悪意があると思っている人は少なからずいます。差別に悪意は関係ありません。むしろ**「私は差別なんてしない」と言ってしまえる人ほど無自覚に差別しています。**

悪意のない差別に対し、「どんなつもりだったか」を議論してもあまり意味はありません。**どのような行動が差別にあたるか、なぜアウティングが加害なのかを説明することが必要です。**行動に焦点をあてて説明することで、加害（差別）した側に何がいけなかったのか、どうすればいいかが伝わりやすくなります。差別する気持ちは、誰でも持ち得ます。そこに触れられると、内心が否定されたように感じて苦しくなったり、反発したくなります。

今回のエピソードでも、オカちゃんは自分の「つもり」にこだわって、きくちゃんへの差別の自覚がありません。オカちゃんの周囲に「どんな行動が差別にあたるのか」を説明できる大人がいてくれることを切に願いますが、前述のように私たち大人も「何が差別か」を十分に理解できておらず、説明する言葉を持ちません。日本では差別を予防するためにどのようなアクション（行動や制度）が必要かという人権教育よりも、内心の「思いやり」などに言及する道徳教育が重視されてきました。**思いやりで差別は防げません。思いやりのある優しい人でもしてしまうのが差別だからです。**

オカちゃんは「いい子」です。きくちゃんのことが大好きです。いい子でも、相手が大好きでもしてしまうのが差別です。オカちゃんがなぜアウティングをしてしまったのか、その事情を聴くことは大切です。

しかしそれは差別という行動をくり返さないためのプロセスであり、あくまでも重要なのは「どんな行動が差別にあたるのか」です。**「そんなつもりはなかったんだよね」で終わりにしない言葉を、そして「謝罪してゆるしてもらって仲直り」に逃げない姿勢を、私たち大人から身につけていきましょう。**

PART

2

家族篇《へん》

中学1年生　ココちゃんの話

ママってなんでも知りたがる！

最近、ママがしんどいんだよね。

別にママのことは嫌いじゃないし、仲が悪いわけでもない。小学校のときはあんまり気にならなかったんだけどな……。

中学生になったのをきっかけに、わたし、ひとり部屋を作ってもらえることになったのね。ひとりだけの空間ができたことがうれしくて、夕飯を食べたらすぐに部屋にこもってのんびりするのが至福《しふく》の時間。……の、はずだったんだけど。

ママは、いつも平気な顔でわたしの部屋に入ってくる。「ねぇ、入る前にノックしてくれない？」と頼んだら、「なんで？　親に見られたらやばいことしてるの?」だって。「別にしてないけど?」と言ったら「ならいいじゃん」って言われて、それ以上言い返せなかったよ。

……本当は、最近ハマってるBLマンガを読んでるところを見られたくないな、っていうのもあるんだけど、正直に言ったら何を言われるかわからないから、めっちゃ隠《かく》してる。ていうか、別に隠したいことが何もなかったとしても、**やっぱり、突然《とつぜん》入ってこられるのは嫌だ。だって、わたしの部屋だし。ここはわたしだけの空間だって思いたいじゃん。**

わたしがお風呂場の脱衣所《だついじょ》で着替《が》えてるときも、ママは平気でドアを開ける。着替えてるところを見られるのもなんとなく嫌だから、「ノックしてほしいんだけど」って言ってみたんだけど、「え、女同士だからいいでしょ?」「そんなこと言ってたら銭湯とか温泉とか行けないじゃん!」って。それはまた別の話じゃね? って思うけど、いつもこんな調子だから、言い返すのも疲《つか》れちゃう。

この前も、週末に友だちとみんなでカラオケに行こうって話になったんだけど、ママが何度も「誰《だれ》と行くの?」ときいてくるから「さっしーと、かなちゃんと、田中ちゃんだよ」と答えたら、「田中さんはママの知らない子だね」って。「田中ちゃんは別の小学校から来た子だから。最近仲良くなったの」と言うと「どこに住んでるの？」「どんな子？」「親に会ったことある？　どんな人だった？」としつこくて、まいっちゃった。田中ちゃんはわたしの友だちで、ママの友だちじゃないんですけど……。本当は、プラス男子三人もメンバーに入ってるんだけど、ママにバレたらきっと大さわぎになるから黙《だま》ってた。田中ちゃんだけでこんなにしつこいんだから、男子も一緒だなんて言ったら、どうなるかわからないし。

どうしてママって、なんでも把握《はあく》しないと気がすまないわけ？

その次の日は学校が早く終わる日だったから、放課後に女子三人を家に呼ぶことにした。わたしの部屋を見てもらいたかったし、カラオケの計画も立てたかったし、わたしの部屋で女子だけでおしゃべりするのって楽しそう！ってワクワクしてたのに……。

朝、学校に行く前に、「今日、さっしーとかなちゃんと田中ちゃんを家に呼んだよ！」と伝えたら、ママが疲れた顔で「今日は無理だから呼ばないで」って。「えっ、なんで？　使うのはわたしの部屋だけだし、田中ちゃんをママに紹介するいい機会だなと思ったんだけど」と言っても、「今日は、ダメ」の一点張り。

前の晩から楽しみにしてたのに！って、わたし、カッとなっちゃって、「ママってほんと、なんでも勝手に決めすぎ！」って怒鳴《どな》って、そのまま家を飛び出してしまった。

あー。

わたしはさ、ただ、ふつうに楽しく暮らしたいだけなんだけどな……。

家族だからって、なんでも受け入れないといけないの？

POINT

✶どうしてママは、ココちゃんのことを
ぜんぶ把握《はあく》したがるのかな？

✶子どもが親に対して秘密を持つのはダメなことなの？

✶ココちゃんは、友だちを部屋に呼びたいと思っていることを、
ママにどう伝えたらよかったんだろう？

✶一緒に暮らしていくうえで、
ココちゃんはどうしたらいいんだろう？

✶ココちゃんがどんなふうに頼んだら、
ママは変わってくれるだろう？

親の「不安」から バウンダリーを守るために

●ここからは入ってこないでほしいのに

ココちゃんが「モヤモヤ」するのは、**お母さんがココちゃんのバウンダリーを軽視して、踏《ふ》みこえてくるからだ**と思います。私はお話を聞きながら、3つのバウンダリーを見つけました。

(1) 自分の部屋や脱衣所《だついじょ》という空間のバウンダリー
(2) ココちゃんだけの人間関係というバウンダリー
(3) ココちゃんの好きなものや秘密、いやな気持ちといった内心のバウンダリー

バウンダリーは「わたしはわたし、あなたはあなた」という、自分と相手を大切にする境界線です。バウンダリーを侵害《しんがい》されると、「わたしはわたし」という軸《じく》がゆらぎます。

それがモヤモヤの正体です。

この「モヤモヤ」をさらに深めているのが、バウンダリーを侵害してくるのが親だと

いうこと。子どもの安全で快適な暮らしを整え、教育の機会を与え、危険から遠ざけるのは親の義務《ぎむ》です。もっと雑な言い方をすると、そのためにお金を使うのが親の役割です。つまり、子どもは親のお金で生活し、守られているので、親と子どもはもともと対等な関係ではないのです。

みなさんは、親からバウンダリーを踏みこえられても「親だし、しかたないか…」とあきらめていませんか？　いやだと思ってもいやだと言うことを自分に禁じてしまっているかもしれません。逆に、親のなかにも「私は親なんだからこのくらいはＯＫ」という甘えが生じているのだと思います。

●ひとりの場所を守る権利がある

プライバシーの保護《ほご》は、子どもの権利（人権）として保障されています。**自分だけのスペースを持つことや脱衣所で勝手に裸《はだか》を見られないことは、人権です。**

親は子どもの人権を守るために、子どもが安心してひとりになれる場所や、誰からも覗《のぞ》かれないトイレや脱衣所、お風呂《ふろ》といった空間を用意しなければなりません。それは親の義務です。ですが残念ながら、それを義務と認識できていない親は少なくありません。どうやらココちゃんのお母さんにもその傾向《けいこう》があるようです。

ちなみに、脱衣所で着替《が》えているときに断りなく入ってくることについて、温泉や銭湯を例に出して「女同士だからいいでしょ?」とお母さんは言うようですが、これは的外れです。温泉や銭湯の脱衣場や浴場は、不特定多数で一緒に使うことが前提で、その前提を受け入れて利用することを決めます。自宅の脱衣所や浴室は、幼い子どもなど誰かの介助《かいじょ》が必要な場合を除き、プライベートな利用が前提です。そこに男女差はありません。

お母さんも、たとえばココちゃんのお友だちや親せきが家のお風呂を使っているときに勝手に入ったり覗いたりすることはないと思います。それが「プライベートな利用が前提」である証拠《しょうこ》です。お母さんの言っていることは筋が通らないので聞き入れる必要はありません。

●子どもを危険から守るのが親の役目

お母さんがココちゃんの部屋に入ること、断りなく脱衣所に入ることは、決して「よいこと」ではありません。ですが「わるいこと」とも言い切れません。親は義務として、子どもが危険に巻きこまれていないか、有害な情報に触《ふ》れていないか、身体に異変がないかを把握《はあく》し、子どもを守らなければならないからです。

しかし、子どもが自分の知らないところで何をしているのか、そのすべてを把握しようとすれば、当然プライバシーの侵害という人権侵害が起き、管理や支配になってしまいます。お母さんは、誰と会っているかも知りたがっています。親として、ココちゃんが自分の知らないところで、しかもカラオケというほとんど密室で誰と一緒に過ごすのかが「気になる」のは、子どもが被害《ひがい》にあうさまざまな事件の情報やデータから理解できる心境だと思います。

仲の良いクラスメイトの男子は、ココちゃんにとって「危険ではない相手」かもしれません。しかし16歳～24歳を対象とした調査では、25％以上の人が18歳までに深刻な性被害を受けており、その加害者の70％以上が顔見知りや親密な間柄《あいだがら》の相手です（内閣府《ないかくふ》「若年層の性暴力被害《ひがい》の実態に関するオンラインアンケート及びヒアリング結果報告書」令和４年３月より）。さらに最も割合が高いのは、教師、先輩、同級生など学校で出会った人なんです。

● ママとの間に信頼関係があれば

プライバシーという人権が守られることと、危険から守られること。このふたつをつなぐのが、信頼関係です。

親のなかに「この子は秘密を持っていても、大切なことはちゃんと話してくれるはずだ」という信頼があること。子どものなかに「親は危険から守ってくれるけれど、わたしのいやがることはしないはずだ。だからちゃんと相談しよう」という信頼があること。この信頼関係があれば、お互《たが》いのバウンダリーを守りながら「危険や有害な情報から守る・守られる」が実現します。

ココちゃんとお母さんとの間では、この信頼関係がくずれかけてしまっているようです。そしてその原因は、おそらくお母さんの側にあります。子どもを危険から守るという親の義務を、「子どもは親の言うことを聞くべきである」という子どもの義務にはきちがえてしまったからです。

●ママは不安だから焦《あせ》っている？

親の管理や干渉《かんしょう》が強くなると、子どもはそれが苦しくなって秘密を持ちたくなります。秘密を持つことで自分のバウンダリーを守ることができるからです。

みなさんの周りには、危険な情報があふれています。インターネットでは子どもを、特に女の子を性的に搾取《さくしゅ》（自分の利益や楽しみのために利用すること）しようとする大人がたくさんの罠《わな》をしかけていますし、自分を傷つける危険な方法にも簡単にアクセスできます。危ないアルバイト、健康を害する薬品……。

そういった情報の多くが「家や学校がつらい」子どもたちをターゲットにしています。家が安全でないと危険な情報に引き寄せられてしまい、それによって親の管理が強くなり、ますます家が安全でなくなる……という悪循環《あくじゅんかん》に陥《おちい》りやすいのです。

ですので、本当ならお母さんの側から勇気を出して踏みとどまり、バウンダリーを引き直すことが必要ですが、ちょっとむずかしいかと思います。まずお母さんにはココちゃんのバウンダリーを侵害しているという自覚がありません。親として当然のことをしていると思っているようです。そこを気づかせてあげるのはなかなか大変なことで、ココちゃんも疲《つか》れてしまうでしょう。

ただ、お母さんの行動の背景に「不安」があることを理解すると、少しずつ状況《じょうきょう》を改善できるかもしれません。親が子どもについて知りたがる大きな理由は、不安です。嘘《うそ》をついていないか、隠《かく》れて危険なことをしていないか、そういった不安が「知りたい・知らなければならない」という焦《あせ》りを強くしてしまいます。

● 秘密は秘密　話せることをできるだけ話す

不安を和らげるひとつの方法は、**ココちゃん自身について、ココちゃん自身の言葉で**

お母さんに教えてあげることです。どんな友だちがいるか、学校でどんなことがあったか、今何が好きか、どんなつらいことがあったか、どんな悩《なや》みがあるか……。そういったココちゃん自身のことのなかで、お母さんに無理なく話せること、話しても苦しくならないことを選んで、少しずつお母さんに話してみてください。**大切な秘密は秘密のまま、話せることだけ話します。**

ココちゃんから話してくれるだけでお母さんはココちゃんのことを「わかった」と実感できて、その実感が安心につながり、ココちゃんへの管理や干渉のゲージが下がってくるかもしれません。

ゲージがある程度下がったな、と実感できたら「くつろいでいるときにいきなり入って来られると、相手がお母さんでもびっくりして緊張《きんちょう》してしまう。緊張すると、家にいるのが苦しくなってしまう。困ったことがあればちゃんと相談するから、プライバシーは尊重《そんちょう》してほしい」と伝え、「部屋や脱衣所にいるときはノックして声をかけてほしい」と依頼してみましょう。

● 家族の気持ちとバウンダリーも大切に

最後に。ココちゃんにも守ってほしいことがあります。

お友だちを家に呼ぶとき、朝いきなり「今日呼ぶんだよ」と伝えるのは急すぎると思います。もし、休みの日にいきなりお母さんが「今日親せきが来るから」と言い出したら、「えー！」ってなりますよね。ココちゃんの部屋はココちゃんのプライベートな空間ですが、ココちゃんのおうちはココちゃんの家族みんなの場所です。お友だちを家に呼ぶということは、ココちゃんの部屋に行くまでの間に通る玄関《げんかん》や廊下《ろうか》、使うトイレを、ココちゃんのお母さんと友だちとでシェアするということです。お母さんからすれば、自分のプライベートな空間に他人が入るので、心の準備が必要です。そうじをしたり飲み物やお菓子を用意したりと、あれこれやることが増えます。もしお母さんが仕事で疲れていたり、体調がイマイチで今日はゆっくりしたいなぁと思っていたら、負担になります。

お母さんが「今日はダメ」の一点張りで理由を説明しないのは、言葉足らずです。でも、ココちゃんが家族の行動を制限することは、これもまたバウンダリーを侵害する行為《こうい》です。**お友だちを家に呼ぶときは、事前に同意をとりましょう。**私もひとりの親ですが、よほどの急用や親の私とも気心が知れた子でなければ、できれば、前日の朝までに言ってほしいなぁと思っています。

●先に同意をとっておけば安心

お母さんはココちゃんの同意なく、あれこれ勝手に決めます。もしかしたら「なんでわたしだけ同意をとらなきゃいけないの？」という気分になるかもしれません。ですが、ココちゃんがお母さんの同意をちゃんととっていれば、もしお母さんに勝手をされて抗議《こうぎ》するときに「わたしはちゃんと同意をとっている」と言えて、対等に話し合いをする助けになります。それに対してお母さんが「あなたは子どもだから」などと言ってきたら、心のなかで「話してもむだな相手」に仕分けしましょう。残念ながら「どうしても通じない親」は一定数いて、最善の策は「大人になったらさっさと離れる」の一択《いったく》です。

この本を読んでいる大人のみなさんへ

　親は子どもが何らかの危険に巻きこまれることを恐れます。その恐れは当然のものです。そして危険を防ごうとします。それも親の義務です。そのため、親にはある程度、子どものプライバシーに踏みこむことが認められています。デジタルデバイスのペアレンタルコントロール機能やGPSでの追跡機能を使った防犯アプリが合法であること、子どもの個室に鍵をかけない（かけたいという願いを断ることができる）などが一例です。

　しかし、**「どこまで、どのように踏みこむか」については、子どもの年齢に応じて、当事者である子どもと話しあって、同意を得て決めていく必要があります。意見を聞かれること、尊重されることも子どもの権利だからです。**

　けれども親は、自分の恐れや不安の軽減を優先し、その話し合いのプロセスを省きがちです。意見を聞かれず、秘密を持つことを禁じられ、子どもは嘘をつくようになります。嘘しか自分のバウンダリーを守る術がなくなってしまうからです。

　プライバシー保護や情報へのアクセスといった子どもの権利と、子どもの安全を守るという親の義務、両者の間のバウンダリーは曖昧で、揺れ動きます。

「子どもが脱衣所を使っているときに覗いたらあざを発見していじめに気づけた」

「子ども部屋の引き出しの奥から大量のお菓子の包装を見つけて摂食障害に気づけた」

「LINEを覗いて性犯罪の被害に気づけた」

そんな事例もたくさんあります。どれも、親からすれば「気づいてよかった」かもしれません。しかし「親に話せなかった」という事実は消えません。**子どもにとっては「自分が守られた」で終わらない、「話せない相手に秘密を暴かれた」という経験です。**

そのときに起きたいじめ、病気、犯罪等の、単一の被害には対処できても、その先また別の困難が生じたときに、はたして子どもは親に「話せる」でしょうか。もしかしたらもっと慎重に「隠す」かもしれません。より上手に嘘をつくようになるかもしれません。**秘密を暴くことでその時々の「親の不安」を解消できても、長期的には子どもから「話してもらえる」信頼が遠ざかります。**

もしプライバシーに踏みこみ、秘密を暴いて子どもの危機に気づけたら。まずは「話してもらえなかった」こと、危機を秘密にするしかないくらい親である自分への信頼が損なわれていることを自覚しましょう。決して「相談しなかった子どもが悪い」と思わないことです。ましてや「この子は相談できないから」と管理や支配を正当化しないことです。

「相談できる」という信頼を壊すのは簡単です。例えば「怒らないから言ってごらん」と言っておきながら叱る、失敗を責める、トラブルが起きたときに「何があったの？」

と聞かずに頭ごなしに叱る、気がかりな行動をしたとき「心配だよ」と伝える前に「心配をかけた」ことを叱る。どれもありふれた経験ではないでしょうか。**ありふれた小さな「聞いてもらえない」経験が親への信頼を損ないます。**

子ども時代のさまざまなリスクを管理や過干渉という方法で防いでも、やがて子どもは大人になり管理から外れます。そのとき、子どものなかに「大人（親）への不信感」が残っていると、その後の人生でさまざまなリスクにさらされることになります。話しても無駄、どうせ聞いてもらえない、そういった「色眼鏡」によって、困っているときも相談できなくなってしまうからです。

そしてもうひとつ。性暴力・性被害だけ取り出すと、教師が加害者になる事件もたくさんあるので、親としては同級生以上に教師を警戒する必要があるはずです。ですが、なぜか相手に「先生」という肩書きがあると、その警戒がバグってしまうようです。私たち親の「警戒のアンテナ」は必ずしも信頼がおけないものであることも、自覚しておいたほうがよいでしょう。

高校2年生　スズちゃんの話

私の夢、私の進路。どうして応援《おうえん》してくれないの？

私は大人になりたくない。親になりたくない。

学校でそろそろ進路を考えないといけない時期になって、私は両親に自分の進みたい道を伝えた。私は、映画を撮《と》る仕事に興味がある。だから映像学科のある大学に行きたい。でも勇気を出してそう伝えたら、お父さんもお母さんも、シーン、となった。

自分で言うのもなんだけど、小学生のときは勉強がわりとできた。両親はいい点を取るたび自分のことのように喜んでくれた。それで私はがんばって中学受験をして、第一志望の私立中高一貫校《いっかんこう》に入った。合格《ごうかく》したときは無敵の気分だったけど、入ってみたら周りは勉強ができる子ばっかりで、ついていくのに必死だった。最初はとにかく少しでも上に……と努力したけど、がんばってもどうしても上にいけないことがだんだんわかってきた。

そんなときに私を励《はげ》ましてくれたのが映画だった。『スタンド・バイ・ミー』、『サムサッカー』、『レディ・バード』、『コーダ あいのうた』。いろんな映画を観て、今まで知らなかったいろんな世界を見て、初めての気持ちをたくさん味わった。そのうち自分もこんな映画が作りたい、映画学科や映像学科のある大学に進みたいって思うようになった。

どうして両親がシーンとなったのか、よくわかってる。私が薬学科を受けるものだと思っていたからだ。高校に上がってすぐ、私は当時好きだったドラマがきっかけで、薬剤師《やくざいし》にあこがれるようになった。その様子を見て両親は、薬剤師になったら将来安泰《あんたい》だよね、とすごく喜んだ。お父さんは「スズの夢を応《おう》援《えん》するよ！」と言ってくれた。薬学部のある国公立大学の資料をわざわざ表にして、手渡してくれたこともある。

でも、お父さんの言う「スズの夢を応援するよ！」は、「お父さんとお母さんが認める夢なら応援するよ」という意味だった。映画監督《かんとく》っていう夢を応援する気はなかったみたい。私はほんの少し、ほんの少しだけ、「スズの選んだ道なら、応援するよ」って言ってもらえることを期待してた。

でも、二人ともシーンとなって、それから、お父さんはこう言った。

「映画監督なんてひとにぎりの人がなるものだろ。ものすごく厳しい世界だし、女の子はもっと堅実《けんじつ》な仕事をしたほうがいいと思う」


私はうまく反論できなくて、ゴニョゴニョとした言葉しか出てこなった。お母さんはお父さんの横で、私と目を合わさず黙《だま》ったままだった。何も言い返せず、部屋に戻って、布団にもぐりこんだ。布団のなかでじっとしていると、さっき言われた言葉と、今までに言われた言葉がミルフィーユみたいに積み重なって、頭のなかで鳴りひびく。忘れてたと思っていた言葉が、かさぶたをはがしたみたいに、内側からドクドクあふれてくる。

中学受験のとき、塾《じゅく》で受けた模試の点数がいつもより悪かったときのこと。

「受験は、スズが自分でやりたいって言って始めたことだろ？　どうして自分で決めたことなのにちゃんとできないの？」

「次は絶対偏差値《へんさち》上げるって、お父さんと約束したよね？　どうして約束を守れないの？」

中学校に入学して、科学研究部に入りたかったのに、反対されて、思わず泣いてしまったときのこと。

「科学研究部って男子ばっかりだろ？　女の子だし、運動部のほうがいいと思うけどなぁ。まぁ、決めるのはスズだけどさ」


それから、あのときも、あのときも。

「なんでそんなことするの？」

「まさかそんなことしないよね？」

「これはスズのために言ってるんだよ」

「スズもいつか親になったらわかるよ」

いろんな言葉がぐるぐるぐるぐるめぐりつづけて、私は頭のなかで何度も何度も否定されつづけた。

なんで両親は私のやりたいことをわかってくれないんだろう？

私がいつか親になったとき、今の私の気持ちを否定する自分になってしまうのなら、私は一生親になりたくない。大人に、なりたくない。

私はベッドからはい出て、パソコンの電源を入れ、次に観る映画を探した。

POINT

✶どうして両親はスズちゃんの新しい夢を応援《おうえん》できないんだろう？

✶スズちゃんが薬剤師《やくざいし》になりたいと聞いて、どうして両親は喜んだんだろう？

✶親と子の思い描く将来が同じだと、お互《たが》いにハッピーなの？
そもそもそんなこと可能なの？

✶両親が今までスズちゃんにかけてきた言葉の問題点はどこにあるんだろう？

✶これからスズちゃんは両親とどんなふうに話し合いをしたらいい？

「今・ここ」が奪《うば》われないために

●親の期待の重さ

スズちゃんのお話を聞いて、私のなかで高校生だった私が涙《なみだ》を流しました。スズちゃんとまったく同じではありませんが、私にも似たような経験があるからです。

大学への進学を目指して勉強していたころ。親も教師も私が大学に進学するものと思っていて、親からすすめられて選んだ大学に希望する専攻《せんこう》があったので、そこに決めました。その決定を親は「麻里香が行きたいなら」と応援《おうえん》してくれました。

でも私は高校三年生のとき、演劇の学校に行きたくなりました。私は演劇部に在籍《ざいせき》していましたが、自分に演技の才能があるとは思っていませんでした。ただそのときの私は、演劇が何よりも好きだったんです。演劇の学校に行きたいと両親に告げたとき、やはり「シーン」となりました。そして言われました。

「せっかく勉強してきたのにむだにしちゃうの？」

演劇は才能がものを言う厳しい世界だからお前には無理じゃないか？　好きなだけで成功できるはずがない、もっと堅実《けんじつ》な道がある、きっと受験のストレスで一時的に気の迷いが生じてるだけだよ、大人になればわかる、あなたのために言ってる……。私もやっぱりごにょごにょと何か言って、そして泣いて、そのままあきらめました。

高校生の私は、それでも親の言うことのなかに合理性（納得できる妥当《だとう》な部分）を探そうとしました。きっと親には大人の経験値から導き出された正しさがあるんだろう、たしかにこれまでがんばって勉強してきたことをむだにするのはもったいないなと、自分を説得しました。そして親が「応援」してくれた大学に進み、それなりに楽しかったので、やっぱり両親が正しかったのだと思いかけていました。

しかし、やがてなんだか「しっくりこない」感じがするようになりました。大学はそれなりに楽しいはずなのに、しっくりこない。サイズの合わない服を着ているような不快さです。そのうち、なんにもやる気が起きなくなってしまいました。何をしたいのか、何が好きなのかわからないまま、就職活動をする気にもなれず、ただ機械的に大学に通いつづけました。私の心のなかは空っぽでしたが、両親は私が大学・大学院に通っていればそれで満足だったようです。そのときはじめて、両親にとって大切なのは「期待通りの行動をとる私」なのだと気づきました。そして少しずつ思い出していきました。

そういえば、幼いころから両親に「麻里香はこの高校に行ったらいいよ」「麻里香にはこの仕事が向いてるよ」と言われてきたけれど、「麻里香は何がしたいの？」「何をするのが好きなの？」ときかれたことはなかったな。

弟は大学や高校を自分で選べたのに、私は選べなかったな。勉強ができることをほめられたけれど、それ以外でほめられたことってあまりなかったな。

親の期待に沿わない行動をしたり親が好きなものを好きになれないと、親はすぐ不機嫌になったな。でも、私が不機嫌になることを親はゆるしてくれなかったな。

いやなことを言われたりされたりして「いやだ」と言ったら、「反抗期《はんこうき》だ」って言われたな。

なんだ、両親が演劇の道を反対したのは「私のため」なんかじゃない、「親の期待通りにふるまう私のため」だったんだ。そう気づいたときには、もうすっかり演劇の道はあきらめてしまっていました。

●「あなたのため」は本当にそう？

大人は「あなたのため」という言葉で、子どもの「今・ここ」を軽んじています。例えば、小学校や幼稚園《ようちえん》から受験を始めさせるのは、良い高校や大学を選べるから。そうでなくても、中学校の勉強は良い高校に行くため、高校の勉強は良い大学に行くため、大学では良い仕事につくため、そして仕事をするのは老後のため……。

いったい私たちは、いつ「今・ここ」の自分を生きるのでしょうか？

スズちゃんの両親がスズちゃんにかけた言葉の数々は、スズちゃんから「今・ここ」を大切にする力を奪《うば》う呪《のろ》いです。思春期だから、女の子だから、未熟な子どもだから、あなたのためを思って、好きなだけじゃ無理……。子どもから「今・ここ」を大切にする力を奪うことで、親の期待通りの「将来の姿」に誘導《ゆうどう》しようとしています。

●子どものため？　いや、大人のため

その誘導は、「子どもに失敗してほしくない」という親の願いに裏づけられています。失敗して傷ついて悲しむ姿を見たくない、お金がなくてみじめな思いをしてほしくない。そういった願いを大人は「子どもが大切だから」と理由づけしますが、実は「失敗する子どもを見て不安になりたくない」や「お金に困った子どもの心配をしたくない」という、親自身のためだったりします。子どもの「今・ここ」と「親の期待通りの将来」、子どもの選択《せんたく》と親の願い、チャレンジする機会と失敗への（親の）不安。**親と子の間にある複数のバウンダリーが「あなたのため」や「女の子（男の子）だから」という呪い**

で侵害《しんがい》されてしまいます。

子どもの失敗を見たくないという親の願いの根っこには、「失敗する子どもの親になりたくない」というもうひとつの願いが隠《かく》れています。子どもが立派な肩書《かたが》きや学歴、安定した職業につくことで、親としての自分が評価されたように感じるのです。それは子どもをトロフィーにしているということです。スズちゃんの両親にとっては、薬剤師という肩書きがトロフィーになるはずだったのでしょう。子どもが持つ肩書きや学歴、仕事を親である自分への評価だと錯覚《さっかく》してしまっている、ここでもバウンダリーの混乱が起きています。

● やるもやめるも自分で決めていいんだよ

「自分で決めたのにちゃんとできないの？」も、さりげなくバウンダリーを侵害する言葉です。ほかにも、「自分で決めたんだからあきらめるな」、「自分で決めたんだから続けろ」など違《ちが》うバージョンがありますが、**自分で決めたからこそ、続けるかどうかも自分で決めてよいはずですよね。**「あなたが決めた」と線引きをしているように見せかけて、ちゃんとやれ、やめるな、あきらめるなと踏《ふ》みこんでくる。とてもずるい言い方です。「自分で決めたんだから○○しなさい」と言ってくる大人がいたら、「こいつ信頼できないかも」と警戒《けいかい》してください。

くり返しますが、**自分で決めたからこそ続けるのもやめるのも変えるも、やめてまた戻るのも、ぜんぶ自分で決めていいんです。**

●親の感想はしれっと流そう

さて、もし私があのとき演劇の道をあきらめなかったら、親とどう対話を続けただろうと考えてみました。まず気づきたいのは、親は「反対だ」と言ってこない点です。むずかしいんじゃない、できないよ、無理だと思うよ、大変だよ……そんなふうに子どものほうからあきらめさせようとしてきます。「反対だ」「やめろ」と言って子どもに夢をあきらめさせる責任から、無意識に逃《に》げているんです。

もちろん内心では反対しているのですが、言葉では「反対だ」とは言ってきません。そういう場合は、「反対されていない」と都合よく解釈《かいしゃく》しちゃいましょう。むずかしい、無理だよ、大変だよ……それらはただの意見であり感想です。そこから「反対している」という本心をわざわざ汲《く》む必要はありません。

親のねらいは「私たちはむずかしいよと言っただけ。子どもが自分であきらめることを選んだ」というストーリーを作ることなので、そこに巻きこまれないように注意しましょう。だからしれっと「わたしにはむずかしい、堅実な仕事のほうがいいというのがお父さんの意見なんだね。ご意見ありがとう」と流してしまいましょう。それ以上聞く必要はありません。

親に、自分たちがずるい言い方をしていること、ずるい言い方によるコントロールはスズちゃんには通用しないことを教えてあげます。もしかしたらその先で、「反対だ」「ダメだ」という言葉が出てくるかもしれません。そうしたら「なぜ反対するのか」を、親自身の責任で言葉にしてもらいます。そこが対話の入り口です。

本当に映画の仕事は「厳しい」のか、「堅実ではない」のか、女性が映画業界でどのように働いているのか、大学で映画を学んだ先にどういった可能性があるか。情報とデータを集めて反対への反対を理論武装《りろんぶそう》します。実際に映画の仕事をしている女性や大学の教員に話を聞きにいってもいいでしょう。味方をしてくれる大人を探すことも大切です。

もし両親がはっきりと反対を表明せず、ずるい言い方でスズちゃんからあきらめるよう仕向けてきたら、「しれっと流す」作戦継続《けいぞく》です。じわじわとストレスになるでしょうが、**「親の意見はただの親の感想」という線引きでバウンダリーを強化して、自分の心を守っていきます。**

●あなたはあなた　親とは別の存在

私は演劇の道をあきらめました。本心から望んでいなかった進路を選び、なんとなく今の仕事にたどり着きました。そして今でも鑑賞者《かんしょうしゃ》として演劇を愛しています。演劇が大好きだった高校生の私と今の私は、しっかりつながっています。

そして私は親になりました。親である私は、子どもが夢中になった何かが私の想定外のものでも、私なら選ばないだろう道を選んでも、それを途中《とちゅう》でやめても、その選択を「子どもが自分で決めたんだから、いいか。やりたいだけやってごらん」と思えるようになりました。私というひとりの例でしかありませんが、親になることも大人になることも、スズちゃんの人生から除外する必要はないと思います。スズちゃんは、スズちゃんの両親とは別の存在です。

この本を読んでいる大人のみなさんへ

　私たち大人は、子どもよりちょっと先が見えていると思いこんでいます。ですが、私たちが知っているのは私たちそれぞれの経験にすぎず、それは過去です。子どもの未来ではありません。

　過去の経験は、たしかに大切な参考資料です。でも、それをどう活かし、何を決めるかは子ども次第です。

　子どもたちがこれから生きていく世の中は、大人である私たちにとっても未知の世界です。私たちが考える安定や堅実が必ずしも通用するとは限りません。逆に、新しい可能性もたくさん広がっているかもしれません。

　できるなら子どもの夢を全力で支持したい。そう願ってもうまくいかないことがあります。いちばん大きいのはお金の問題でしょうか。私も同じです。もし突然子どもが海外の大学に行きたいと言ったら、私立大学の医学部を目指したいと言ったら、フィギュアスケートを習いたいと言ったら、即答で「OK！　応援する！」と言える自信はありません。たぶん「応援したい。でも実現のためのお金の問題をなんとかしなければならない。良い方法がないか探そう」と保留します。そして奨学金などのさまざまな方法を探して、それでも私の経済力では実現困難なことが確定したら、そのときは「ごめん、いますぐには無理です」と率直に話すと思います。そのとき、**決して「あなたには無理じゃないかな」「難しいと思うよ」などと「子どもが自分であきらめるストーリーづくり」をしないことが大切です。**

親としてお金の問題で子どもに何かをあきらめさせるのは情けなくて、心苦しいことです。でも、その情けなさがどんなに苦しくても、そこから逃げて子ども自身にあきらめさせるよう仕向けるのはずるいやり方です。その結果、子どものなかに残るのは「夢をあきらめてしまった」記憶、チャレンジできなかった経験です。それは子どもの自己肯定感を大きく損ないます。だったら「私はあきらめたくなかった、でも親に反対された」経験のほうがずっとマシです。あきらめたくないという気持ちは守られますから。

子どもが誰かにほめられるとうれしいですよね。立派な賞をとったり、スポーツや芸術で活躍したり、良い学校に合格すると、誇らしくなります。ですが結果を出したのは子どもです。私たち親は、親の義務の範囲内でサポートをしているにすぎません。うれしいや誇らしいという自然な気持ちを超えて、**子どもが社会的に評価されることで親である自分も評価されたように感じたら、親は親、子どもは子どもというバウンダリーが機能していないサインです。**

そのままにしておくと、親は子どもを「自分が評価されるための道具」とみなすようになってしまいます。そしていつの間にか、良い成績をとったりたくさんの人から認められる「わかりやすい成果」を出したときにだけ、子どもをほめるようになってしまいます。ほめられることに条件が課せられたことを、子どもは素早く察知します。条件をクリアしようと自分自身を押し殺してしまったり、それでもクリアできないと自分を責めて更に苦しくなります。そして自分を苦しめているものの正体が、親が課した条件であることに気づくと、子どもの心は親から離れていきます。

なぜ、親は子どもへの社会的な評価を求めるのでしょうか。そしてそれを自分への評価だと錯覚するのでしょうか。その理由のひとつが、子育てが誰からもほめられない、正解のない、手探りで孤独な営みであることではないかと私は考えます。

誰かから認められたいという願いは、人間のとても原始的な欲求です。だから子どもには、親からの無条件の承認が必要です。ですが親になると、その承認をなかなか実感できません。「みんな違ってみんないい」はずなのに誰かと比べないと自分の子育てが良いのか悪いのか、正解なのか間違っているのかわからない。そもそも子育てには正解がないのですが、正解という物差しのなさが不安を深めることもあります。その不安から、子どもへのわかりやすい評価を求め、その評価を自分のものにしたがるのではないでしょうか。

私が子育てで心がけていることのひとつが、**私が私のままで認められる場を家以外につくる**ということです。仕事でも家事でも育児でもない、ただ演劇や本が好きでおしゃべりで絵が下手で料理が好きな私に「そのままがいいよ」と言ってくれる人、親ではない私でいられる場所を大切にする。**子ども以外の世界をちゃんと自分の生活のなかに持っておくこと、親自身の人生を自分で楽しく快適にすることが、子どもとの間のバウンダリーを守るために必要なのだと思います。**

子どもの活躍や将来の成功や社会的な承認を求めるとき、それは親である私たちが、ひとりの人である自分自身を大切にできていないサインです。

高校2年生　ソノちゃんの話

まさかの妊娠《にんしん》。私はどうしたいんだろう？

生理がひと月以上遅《おく》れていることに気づいたのはほんの1週間前なのに、もうずっと昔みたいな気がする。この1週間、頭のなかが爆発《ばくはつ》しそうなくらいぐちゃぐちゃだった。

私は知り合いに会わないように、電車に乗って初めての駅で降りて、私服に着替《が》えて、近くにあったイオンの薬局で妊娠検査薬《にんしんけんさやく》を買って、そのままトイレで試した。陽性反応の線が出ているのを確かめたとき、背中がスーッと冷たくなった。心当たりはあった。でも、私たちはちゃんと避妊《ひにん》をしていた。ときどき、「ゴム、ずれてないかな？」「大丈夫かな？」と不安に思うこともあったけど、今までも生理がこれくらい遅れることはあったし、まさかと思っていた。

どうしよう。

そのとき、とっさに頭に浮かんだのは、タクの顔じゃなくて、ママの顔だった。

うちはパパがいなくて、ママはひとりで私を育ててくれた。親子の仲は良いほうだと思う。昔から「なんでもママに話してね」とことあるごとに言ってくれたから、私はいろんなことをママに話したし、高校生になってタクと付き合うことになったときも、うれしくてママにすぐに報告した。ママは私に初めての彼氏ができたことを喜んでくれたし、ママとタクと三人で、家で一緒に夕飯を食べたこともある。さすがにそれ以上のことは報告していなかったけど、ママは薄々《うすうす》、私たちがそういうことをしてるってわかっていたんじゃないかな。

妊娠検査薬は2本入りだった。翌日《よくじつ》の朝、もう一度、こっそり家のトイレで試した。やっぱりくっきりと陽性の線が出て、これはもう、現実を受け止めないとダメなやつだと思った。

それから3日間、私は考えつづけたけど、どうしたらいいのかわからなかった。怖《こわ》かったし、食事も喉《のど》を通らなかった。タクにLINEで伝えたら、「え」「ちょっと待って」「マジで？」「本当に？」と続いた後、「ふたりで考えよう」と返ってきた。でももうこれは自分たちでどうにかできるレベルの問題じゃないんだ、と私はわかっていた。

それで、食事の後、ママに報告した。

ママはものすごく驚《おどろ》いた顔をしていたけれど、しばらく黙《だま》った後、「ソノちゃんの様子がおかしかったから、何かあると思ってたんだ」と言った。もっと怒鳴《どな》られたり泣かれたりすると思ったから、私はちょっと拍子抜《ひょうしぬ》けした。

そこからのママの行動は、びっくりするほどはやかった。

学校を休んで、一緒にとなりの街の産婦人科に行った。おしっこをとって、最後の生理がいつだったか話して、お腹にゼリーみたいなのを塗《ぬ》られて映像を見たら、小さい豆みたいなのが見えて、これが赤ちゃんの袋ですよ、妊娠7週目です、と説明された。ママはその場で、「中絶手術をお願いできますか？」

と先生に伝えた。私はぼーっとしていた。情報量が多すぎる。

ちょっと待って。今何が起きてるの。

「1週間後にできるって。よかったね」


よかったね。

ママのその声だけが、頭に響《ひび》いてきた。

よかったね。

……よかったのかな？


帰宅後、私が部屋で寝《ね》ている間に、ママはタクに電話をしたらしい。（ママはいつの間にタクの電話番号を知ったんだろう？）

「ぜんぶ伝えておいたから。ソノちゃんは何もしなくて大丈夫だからね」

タクがママになんて答えたのかは、わからなかった。

私はベッドに寝転んで、ずっと「高校生　妊娠」「高校生　中絶」で検索《けんさく》し、出てくる文章をひたすら目で追った。今は妊娠7週目（タクとした日が0日目なのかなと思っていたけど、最後の生理の日が0日目だった。むずい）。中絶できるのは、22週未満。だけどなるべく12週目までにしないと、赤ちゃんが大きくなって、しんどいことになるらしい。今手術を受けると日帰りできるみたい。学校にも言わなくてすむ。修学旅行も行けるし、受験もできる。タクの親にも言わなくてすみそう。

私とママだけで、なんとかなる。なんとか、できる。

私は心のなかで「なんとかなる」をくり返しながら、スマホのスケジュールアプリを開いた。今は7週目。ええと、手術は1週間後。でも、入院せずに中絶できるのは12週目まで。12ひく7は、5。

あと5週間あるんだ。

ていうか、あと5週間以内に決めなきゃいけないんだ。どうしよう。

そこで初めて、私は、自分が迷っていること、1週間後の手術を受ける覚悟《かくご》がまだないこと、「産む」という選択肢《せんたくし》が自分のなかにあることに気がついた。

今度は、検索窓に「高校生　出産」と入れて調べてみる。想像以上に多くの人が、高校生で出産して、子どもを育てていることを知った。「大変だけど、幸せ」という文字にグッときた。ほとんどの子は高校を退学している。やめさせられた子も、自主退学した子もいた。学校をやめず、子どもを育てながら通信教育で復学をしている子もいた。親に協力してもらいながら大学に通っている子もいる。相手と結婚《けっこん》した子もいるし、しなかった子もいるし、結婚したけど離婚して、シングルマザーをやっている子もいる。

10代で思いがけず妊娠した先に、こんなにバリエーション豊かな人生が広がっていることに、私は驚いた。

私は、どうしたいんだろう。

私は、高校も卒業したいし、大学にも行きたい。

今回のことを無かったことにしたい自分もいる。

けれど、もうひとりの自分が、手術を受けることに納得《なっとく》できていない。

タクからは連絡《れんらく》がない。でも今はいいや。会いたくない。

なんか、それどころじゃない。

「私、手術を受けたくないかも」

新しく自分のなかに湧《わ》いてきた気持ちを、私はママに伝えた。いつも「なんでも話してね」と言ってくれるママだったから。「いつでもソノちゃんの味方だよ」と言ってくれるママだったから。「ソノちゃんを産んで幸せ」って言ってくれるママだったから。もし私がシングルマザーになっても、きっと寄りそってくれるママだったから。


でもママは、「ソノちゃん、それは無いわ」と全否定した。瞬殺《しゅんさつ》だった。

「自分なりに調べたから、大変なこともわかってる。でも、まだ納得できてなくて。あと5週間あるの。だからもう少しだけ、考える時間がほしいんだけど」

必死で伝えた私に、ママが返した言葉は、

「はぁ？」

だった。それからママは、マシンガンみたいに「中絶しかありえない理由」をまくしたてた。

1日でも早く手術をしないと、どんどんリスクが大きくなる。若すぎる出産は身体に負担も大きい。高校もやめなきゃいけなくなる。あなたの将来が大きく変わってしまう。あなたは今の年齢《ねんれい》で子どもを産むことがどれだけ大変かわかってない。タクくんも中絶に納得している。お金のことは心配いらない。今は動揺《どうよう》しているかもしれないけど、すぐにわかる。産んだら、あなたはきっと後悔《こうかい》する。あなたは子どもだからわかってない。とにかく、ママの言う通りにすれば間違いない。


ママの言う通りにすれば間違《まちが》いない。

ママは昔からよくこの言葉を口にする。そしてこの言葉が出るとき、ママは絶対に意見を変えない。私はママに従うしかない。そんなときいつも私は、身体も心もだんだん薄くなって、半透明《はんとうめい》になって、最後には消えていくような気持ちになる。

私はまだぺたんこのお腹を触《さわ》りながら、どうしたらいいのかわからなくなって、世界にひとりぼっちみたいな気持ちだった。

POINT

✶ママはどうして何でも「これが正しい」と決めつけてしまうんだろう?

✶ソノちゃんとタクくんの問題なのに、このケースではタクくんの影《かげ》が薄《うす》いのでは?

✶ソノちゃんの身体の問題を、ソノちゃん自身が決められないのはなぜ?

✶産まない選択《せんたく》をするとして、ソノちゃんはどうしたらそれに納得《なっとく》できる?

✶産む選択をするとして、ソノちゃんはママになんて言えば納得してもらえる?

「なんでも話してね」には毒がある

●予期せぬ妊娠《にんしん》をしないために知識を

まず、「妊娠《にんしん》したかも？」と疑ったときにきちんと検査をしたこと、結果を相手に伝えたこと、お母さんに相談したこと。どれもソノちゃん自身のために最善の行動です。混乱して不安で怖《こわ》いなか、最善の行動を選べた自分をほめてあげてほしいです。

予定外の妊娠は女性にとって、特に学生の女の子にとっては大事件です。自分が大事件の当事者になるって、なかなか想像できないですよね。しかし実際のところ、予期しない妊娠は決して特別なことではないんです。

予期しない、あるいは望まない妊娠には性交渉《せいこうしょう》そのものを望んでいなかったケース（性犯罪《せいはんざい》・性暴力《せいぼうりょく》・性虐待《せいぎゃくたい》）と、望んだ性交渉だけれど避妊《ひにん》に失敗してしまったケースがあります。ソノちゃんの場合は後者ですね。

「避妊に失敗する」と書くと性交渉したふたり、ソノちゃんとタクくんに責任があるように受けとれますが、私はそうとは言えないと考えます。なぜなら、具体的な避妊の方法、低用量《ていようりょう》ピルやアフターピルについて、妊娠の周期と中絶についてなど、きちんと教えてくれる大人があまりにも少ないからです。よく「寝《ね》た子を起こすな」などと言われますが、子どもに避妊や中絶について教えると、どんどん性交渉をしてしまうのではないかと勘違《かんちが》いしている大人がまだまだたくさんいるんです。**誰《だれ》もきちんと教えてくれない。その結果、傷つくのは多くの場合、女の子たちです。**

●ピルを飲むのもひとつの避妊方法

ソノちゃんとタクくんが、もしきちんと避妊方法について教えてもらっていたら。たとえば、どうしても男性主体になってしまうコンドームという避妊方法に依存《いぞん》せず、女性が自分の身体を自分で守ることのできる低用量ピルも同時に使うことを選んだかもしれません。**低用量ピル服用のメリットは避妊だけではなく、（むしろ避妊よりも）生理の周期を女性が自分でコントロールして旅行や試験に合わせて体調を整えることや、子《し》宮内膜症《きゅうないまくしょう》等の症状改善《しょうじょうかいぜん》などがあります。**

ピル＝避妊というイメージが定着してしまっているので、学生がピルを服用することに眉《まゆ》をひそめる人もいますが、ピルは女性が自身の性と生殖《せいしょく》にかんする健康と権利を守るために効果的な薬です。

もちろんピルでは性感染症《せいかんせんしょう》を予防できないので、コンドームも必要です。これも「ピル飲んでるからゴム（コンドーム）なしでＯＫ」という誤解がはびこっています。ソノちゃんはコンドームの装着方法に不安があったようですが、もしふたりが性教育のなかで正しい装着方法をちゃんと教わっていたら、避妊がうまくいかないという結果は避《さ》けられたかもしれません。それでも、**どんなに正しく着用してもコンドームでの避妊は１００パーセント確実ではありません。**破れてしまうなどのリスクもあります。

そういったときに助けになるのが、アフターピル（緊急《きんきゅう》避《ひ》妊薬《にんやく》）です。性交渉後72時間以内に服用すれば、高い確率で妊娠を防いでくれます。もしソノちゃんにアフターピルの知識があれば、迷いながらもお母さんに相談し、病院で処方してもらっていたかと思います（アフターピルは、今後薬局での販売《はんばい》が計画されていますが、２０２４年現在は限られた薬局での実験的な販売にとどまっています）。

このように、予期しない妊娠は「ふたりの失敗」とは言い切れないんです。大人が正確な性の知識を子どもに伝えないために、失敗させてしまっているのです。

●自分の身体のことは自分で決める

女性が自分の意思で身体の健康を守り、生殖について決定する権利を持つことを、女性の「リプロダクティブライツ・ヘルス」と言います。日本の性教育ですっぽり抜けている視点です。そしてお母さんも、ソノちゃんのリプロダクティブライツ・ヘルスを軽んじてしまっています。ここでも「親が子どもの健康と安全を守る義務《ぎむ》」が道を外れてしまい、管理や支配になり、ソノちゃんの「意見表明権（自分の意見を言い尊重《そんちょう》される権利）」が軽んじられています。

もちろん、きちんとした性教育を受けていないソノちゃんがすべて「自分で決める」にはリスクがあります。お母さんの心配も十分理解できます。ですが、すべてを親が決めてしまったのでは、ソノちゃんは知らないまま、決められないままです。

●あなたには「決める力」があるはずなのに

お母さんはこの章に出てくる他の親たちと同じく、子どもの選択や判断よりも自分の経験値から導き出した答えが正しいと信じ、自分の不安や心配に子どもを巻きこんでしまっています。もしお母さんの判断が「正しい」ものだったとしても、ソノちゃんのなかには「決められなかった」「聞いてもらえなかった」経験が残ります。それをくり返すと、やがて子どもは「自分には決める力がない」という色眼鏡《いろめがね》をかけてしまいます。

予期しない・望まない妊娠だけでなく、生きていくとさまざまな想定外のトラブルやリスクに遭遇《そうぐう》します。そのとき「自分には決める力がない」という色眼鏡をかけていたら、自分自身で対処《たいしょ》することがむずかしくなってしまいます。

もちろん、**何か困りごとがあったときに、自分だけの力でなんとかしようとする必要はありません。適切な誰かに相談することが大切です。**その「相談する」も自分で決めることなので、「自分には決める力がない」という色眼鏡をかけたままだと相談することさえむずかしくなります。あるいは、あなたに「自分には決める力がない」と思わせた誰かに頼りきりになり、その人の意見や考えに従うパターンを身につけてしまいます。

ソノちゃんにとっては、お母さんがそういった存在になりつつあるようです。ソノちゃんが「ママの言う通りにすれば間違いない」と言われるたびに自分が消えていってしまうように感じるのは、「自分には決める力がある」と信じる気持ちがどんどん奪《うば》われてしまう感覚なのだと思います。それはソノちゃんを守っている「わたしはわたし」というバウンダリーがどんどん薄《うす》く、消えてしまいそうになっているということです。

●自分の答えにたどり着くために

身体への負担が少ない中絶手術ができるリミットである5週間の中で必要なのは、**ソノちゃんの願いや考えや不安をテーブルの上にのせ、お母さんの意見も参考資料として並べて、一緒に丁寧《ていねい》に検証していくプロセス**なのだと思います。そうして導き出した最善の答えが、現時点でのソノちゃんの希望（出産したい）と異なる可能性もあります。けれども、その答えにたどり着くプロセスでしっかりソノちゃんの願いや心配事が大切にされていれば、それは「ソノちゃん自身の選択」であると言えます。

しかし、「ママの言う通りにすれば間違いない」とソノちゃんを説得し従わせることに慣れてしまったお母さんが、いきなりソノちゃんの意見を尊重できるようになるのはむずかしいと思います。そのときは**お母さん以外でソノちゃんの意見を尊重し、さまざまな参考資料を並べて、一緒に検証してくれる他の大人を頼ってよいと思います。**産婦人科の病院には看護師さんや助産師さんがいて、未成年の女の子の相談にのってくれる場合もあります。そのなかに「いい感じ」の大人がいなければ、**予期しない妊娠をした女性をサポートしてくれるNPOなどの団体があり、電話やメール、LINEで相談を受けつけています（P292〜の情報を参照してください）。**親に話せない、親が意見を聞いてくれないといった相談にも多く対応している実績があるので、お母さんの理解と納得を引き出すために、そういった大人の力を借りるのも有効です。

そしてお母さん以外の大人への相談は、ソノちゃんがお母さんに奪われてきた「自分には決める力がある」という実感を取りもどすプロセスになるはずです。

●なんでも話す必要はないよ

私は、子どもが親に「なんでも話す」必要はないと考えます。むしろ「なんでも話せる」関係は、子どもの決める力を損《そこ》なってしまうリスクがあると思うのです。お母さんの言う「なんでも話してね」の「なんでも」が、文字通りの「なんでも」なら、それはソノちゃんに秘密を持つことを禁じているということです。優しい言葉で、じわじわとソノちゃんの世界、内心の自由や秘密、ソノちゃん自身の意見や考えを侵食《しんしょく》しています。

親に「なんでも」話す必要はありません。親が力になってくれそうなこと、親が義務として子どもを守らなければならないこと、話しても苦しくなったりモヤモヤしないことだけを親とシェアし、困ったときに頼ることができれば十分です。むしろ親だけでない、親以外の話せる大人、相談相手、頼り先を揃《そろ》えておくほうが安全だと思います。親が必ずしも自分の意見を尊重でき、自分にとっての最善を選べるとは限らないからです。

ただ、妊娠は医療行為《いりょうこうい》にまつわるので、未成年にとっては保護者が責任を負うことがらです。ソノちゃんがお母さんに相談したのは正解で最善でした。問題はその後のお母さんの行動が、ことごとくソノちゃんを置きざりにしてしまっていることにあります。

●女の子が決める。男の子は全力で支える

私は仕事で、たくさんの妊娠した10代の女の子に出会ってきました。そのほとんどが予期しない、あるいは望まない妊娠です。中絶を選んだ場合、その先に傷つきや痛《いた》み、損なわれたもの、そして守られたものがあります。出産を選んでも同じ。傷つきや痛み、損なわれたもの、守られたものや幸せがあります。みんなそれぞれです。「もし別の選択をしたら」と比べることはできません。**大切なのは、いろんな意見や情報を参考にしながらも、自分で決めるその権利が守られているかどうかです。**

タクくんは「ふたりで考えよう」と言ってくれました。タクくんは当事者として考える責任があります。でもソノちゃんが決めていいんです。なぜなら、中絶を選んでも出産を選んでも、身体や生活、そして心への影響《えいきょう》は、女性の側に圧倒的に偏《かたよ》っているからです。身体の変化、中絶や出産への不安や怖《こわ》さ、身体へのリスク、学校生活や進路選択への影響、すべてソノちゃんの側に起きることです。タクくんでは代わりになれません。なのでタクくんが当事者として考える必要があるのは、「ソノちゃんが何を選んでもそ

れを全力で支え、自分が担える負担はすべて引き受ける」ための見通しや手段です。

もしこの本を読んでいるあなたが男の子なら、出産や中絶についての女性の自己決定を「男性の責任が免除《めんじょ》されている」と受けとらないでください。**男性には女性の決定を支持し、その結果生じるさまざまな負担やリスクを軽減するために力を尽くす責任があります。**そのくらい、出産も中絶も女性の側が引き受ける影響が大きいということです。

●NOとYESの両方でバウンダリーを守ろう

最後に。たぶん、ソノちゃんのお母さんは良いお母さんです。少なくとも悪いお母さんではありません。ただ、どんな良い親でも子どもにとって「毒」になる行動をとることがあります。きれいな花やおいしい食べ物に毒があったりするのと一緒です。

毒があることを認めるのは、お母さんの良い部分すべてを否定することにはなりません。逆に「良いお母さん」だからといって、自分にとって毒になる行動をゆるす必要もありません。お母さんの存在自体が良い親か・悪い親かではなく、行動のひとつひとつが自分にとって毒になるかどうかです。

毒になる（害になる）行動にはNOを出して避ける、良い行動にはYESを。それが親との間でバウンダリーを守るコツなのだと思います。

この本を読んでいる大人のみなさんへ

「毒親」と聞いて、どんなイメージが浮かぶでしょうか。子どもに暴力をふるう、食事を与えない、暴言をはく、などでしょうか。たしかに毒ですが、それらは明白な虐待です。しかし、世の中には「虐待にはあたらないけれど子どもにとって毒になる行動が習慣化した親」が多くいます。

例えば「なんでも話してね」という囁《ささや》きで子どものすべてを把握し管理したがる、秘密を持つことを禁じたり行動を制限する、進路を勝手に決める、「あなたには無理だから」というメッセージを送りつづける、「友だちみたいに仲良し」な関係に見せかけて親として必要なケアをしない、不機嫌で子どもをコントロールする、子どもを愚痴や不満の聞き役（精神的なケア役）にする、特定の思想を子どもにも押しつける、話し合いが説得になってしまうなどなど、すべてが子どもにとって毒になる行動です。

私たち親が毒になる行動をとってしまう理由はさまざまです。私たち自身がずっと大人に管理され、意見表明や自己決定の機会を奪われてきたため、それ以外に子どもと関わる方法を知らないこと。子どもを思い通りにコントロールしたいという欲求と、その根っこにある親としてのさまざまな不安。

例えば、子どもが自分と違っていることへの不安、自分の子育てがうまくいっているかどうかの不安、子どもに見捨てられる不安、子どもが見えないところでしていることへの不安……。

私もソノちゃんのお母さんと同じひとり親ですが、この不安に押しつぶされそうになることがありました。日本ではまだまだひとり親に対する風当たりがつよく、「あそこはひとり親だから」と言われたくなくて、子どもに期待通りの行動をとることを要求しそうになりました。ギリギリのところで踏ん張ったつもりですが、言葉の端々や態度にその期待がにじみ出て、子どもに伝わって苦しい思いをさせてしまったこともあります。

親の不安は親自身が、大人の力で対処するものです。**子どもを不安の解消役にすると、やがて私たちの不安で子どもを押しつぶしてしまうことになります。**自分で決められず、困難に直面したときに身動きがとれなくなってしまいます。親の毒で、子どもを麻痺させてしまうのです。

子どもの周囲には、子どもの生活や健康、将来の可能性に影響を及ぼすさまざまなリスクがあります。女の子にとっての予期しない妊娠、望まない妊娠もそのひとつです。ただ、未成年の妊娠が「リスクである」という現状に、私たち大人はどう取り組んできたでしょうか。未成年の（未婚の）女の子が妊娠をすると「出産」の前に「中絶」の選択肢が目の前に提示されると思います。それは若年で出産することで「よくない影響」

があるからです。

例えば、出産しても周囲から祝福され、経済的にも困らず、学校をやめる必要がなく、安心して勉強を続けるためのさまざまなサポートが受けられて、進学や就職にも影響しない、そういった世の中だったらどうでしょう。ソノちゃんのお母さんが「中絶しかありえない」と考えることもなかったのではないでしょうか。

そして**私たち大人は、未婚・若年の女性が安心して出産を選べ、出産によって何もあきらめる必要がない世の中づくりに、どれだけ力を注いできたでしょうか。**ほとんどの大人が無関心だったのではないでしょうか。「中絶しかありえない」世の中にしておきながら、きちんとした性教育も後回し。それなのに妊娠した女の子に「中絶」を迫るのは、大人としてあまりにも無責任ではないでしょうか。

子どもの意見を尊重することは、子どもの言いなりになることではありません。子どもの願い、選択、不安、懸念、そして大人の意見や心配、考え、願いなどをすべてテーブルの上にのせて、そのひとつひとつを子どもと大人とで一緒に検証し、その時点での最善の方法を探していくことです。

しかしながら、妊娠だけでなく、子どもが「すぐに対処しなければならない」さまざまなリスクに見舞われたとき、私たちは子どもの意見を聞くことをつい後回しにしてしまいます。そして、後回しにしないと、今・ここにいる子どもを守れない場面があるのも事実です。すぐに警察、すぐに病院、そういったケースです。その場合でも、**後回しでもいいからちゃんと子どもの意見を聞くことが大切だと思います。**

「あのときは緊急事態であなたの意見を聞かずに進めてしまったけれど、不本意なことをしてしまったかもしれない。どんな気持ちだったか、どうしたかったか、今からでも教えてくれる？」という問いかけをしてほしいと思います。

子どもの意見を聞くことにおいて、「後回し」と「ほったらかし」はまったく違うものです。

PART 3

学校篇《へん》

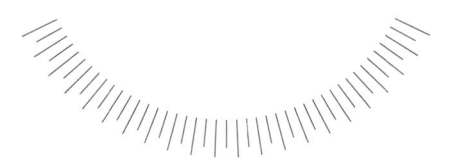

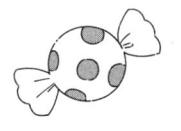

中学1年生　ナルくんの話

誰《だれ》とでも仲良くしなきゃだめ？

学校、めっちゃしんどいわ。

うちのクラスは「お互《たが》いを尊重《そんちょう》し合い、誰《だれ》とでもみんな仲良く」というのがスローガンで、要するに「いじめのないクラス」を目標に掲《かか》げている。

いじめをなくそうとするのはいいと思う。っていうか、ないのがデフォルトじゃなきゃダメだと思う。いじめなんて最低なやつのやることだから。

だけど、**ぼくがしんどいのは、「誰とでも」の部分だ。**

苦々しく思い出すことがある。

小学生のときにみんなでクラスの目標を考えようって話になって、畑中くんが書いた「みんな仲良く笑顔なクラス」っていう、「それ一億回くらい聞いたぞ」みたいな言葉が選ばれて、ポスターになって壁《かべ》に貼《は》られていた。畑中くんはぼくを見るたび「でぶ」とか「ぶーちゃん」とか言ってくるから、ぼくはあいつのことが嫌いだった。別々の中学に行くことになってホッとしたけど、今だって嫌いだ。ぼくたちは「みんな仲良く」できなかったし、毎日笑顔じゃなかったし、学校に来ない子はクラスにふたりいた。でもきっとあの教室には、同じような言葉が書かれたポスターが貼られつづけるんだろう。バッカじゃないの。

人には言えないんだけど、今、ぼくは同じクラスで前の席に座っているよっくんが苦手だ。正直に言ってしまうと、嫌い……かもしれない。だけどよっくんはなぜかぼくにやたらと話しかけてくる。授業中も後ろを向いてちょっかいを出してくるけど、ぼくはそれに苦笑いで応《こた》える。気づいてくれよ、そのノリ嫌なんだよ、と思うけど、一向に気づいていないっぽい。

別によっくんは、攻撃《こうげき》的なことをしてくるわけでもない。でも、ぼくはよっくんを見ていると、なぜかイライラする。よっくんといると、気持ちが落ち着かない。よっくんの話にもあまり興味が持てない。趣味《しゅみ》も合わないし、ノリも合わない。そう、「合わない」っていう言葉がいちばん近い気がする。

この前の数学の時間、集中して問題を解いていたら、よっくんが後ろを向いて、ぼくの消しゴムをペンでつついてきた。ぼくはついイラッとして、「やめろよ！」と言いながらよっくんの手を払《はら》ってしまった。予想外に大きな声が出て、ぼくはハッとしてうつむいた。よっくんはびっくりしてたけど、決まり悪そうにニヤッと笑って前を向いた。山本先生がこっちを見ていたけど、ぼくは知らないふりをしてその場をやり過ごした。


「ごめん、よっくん。よっくんのせいじゃないんだけど、ぼくよっくんのこと苦手なんだ。だから、ちょっと別行動でお願いしたいんだけど」

って言えたら、楽になるかな……とときどき考える。でもそんなことを言ったら、むちゃくちゃ傷つくだろうな。ぼくは、ぼくを傷つけた畑中くんと同じ人間になってしまうのかな。それは絶対嫌だ。これは自分の心の問題だ。だから、ぐっとこらえる。それで、がんばって、笑って話をする。

我慢《がまん》するたび、なんだかよくわからない黒いかたまりが胸の中にちょっとずつ積もっていくような気がして、それがしんどい。

でも、どうしても「嫌だなぁ」っていう気持ちが消えてくれない。


「吉田とうまくいってるか？」

翌日《よくじつ》の二者面談で、担任の北澤先生がぼくに言った。成績の話だけするものと思っていたので、ぼくは面食らった。数学の山本先生から、消しゴム事件のことを聞いたのかもしれない。なんか、嫌な予感……。

「え？　なんでですか？」

平静をよそおってそう返すと、先生は、

「いや、ほら、吉田は、成瀬のことすごく頼ってるみたいだから」

と言う。

「え……別に……ぼくたちもともと、仲が良いってわけでは……」

モゴモゴと言葉をにごすのは、ぼくなりのできる限りの抵抗《ていこう》だったんだけど、先生は、

「まぁ、そりゃ、毎日一緒にいたらいろいろあるだろうけどな。ケンカするほど仲がいいっていうし、友だちは大事にしろよ。誰《だれ》とでも仲良くできるのがお前のいいところだろ。３組は入学してからみんなすごく仲が良くて、先生は安

心してるんだ」
と続けた。

え。なんだよそれ。
ぼくのことなんだと思ってるんだよ。
ぼくにも心があるんだよ。

じゃあ、先生は、誰とでも仲良くできるんですか？　ぼくたち生徒のこと全員好きですか？　あいつはひいきしたくなるけど、あいつとはなんか合わないんだよな……とかないんですか？　ていうか、先生はこの学校の先生のこと全員好きですか？　仲良いですか？　苦手な先生とか、ひとりもいないんですか？
本当に、なんなんだよ！

先生に言ってやりたい言葉が次から次へとあふれてきたけど、ぼくに口にする勇気はなかった。

POINT

✶ナルくんがよっくんにイラついてしまうのは、なんでだろう？

✶そもそも、苦手な人、嫌いな人がいるってダメなことなの？

✶ナルくんがよっくんに「君のことが苦手だ」と伝えるのはひどいこと？

✶どうして学校では、「みんな仲良く笑顔で」のような目標が多いのかな？

✶北澤先生は、ナルくんにどういうふうに声をかければよかったんだろう？

✶どうすれば、ナルくんとよっくんはお互《たが》いの望む関係性を築けるだろう？

「みんな仲良く」は呪《のろ》いの言葉

● 誰《だれ》だって苦手な人はいるよね

なんとなく「合わない」と感じる人って、いますよね。はっきりとした理由はすぐに思い当たらないけれど、とにかく苦手。一緒にいると心がざわつく。目を合わせたくなくなって、落ち着かなくて、ついつい避《さ》けてしまう。そうやって避けてしまう自分のことも好きになれない……。

私にもそんな人がいます。「苦手」という自分の反応を深掘《ふかぼ》りするのはあまり心地よい作業ではありませんが、一度試してみるといろんなことが見えてきます。私の場合は、ちくちく刺激《しげき》になることを言ってくる、私以外の誰《だれ》かのうわさ話や悪口を言ってくる、自分や他人の容姿や体型について話題にしてくる、自虐《じぎゃく》やネガティブな発言が多い、身体的な距離《きょり》が近い、おしゃべりのテンポやノリが合わない、などでしょうか。その人の言葉や行動ではなく、見た目や声や話し方を「苦手」と感じることもあります。

私たちはこの**「苦手の深掘り」**が苦手です。相手を悪者にしているようで、苦しくなってしまうのです。この苦しさも「みんな仲良く」の呪《のろ》いだと私は考えます。

● 苦手の根っこになにがある？

苦手の深掘りは、決して相手の悪いところ探しではありません。「私は」何が苦手か、どうされると苦しいのかを探す作業です。ですので、**主語は「私は」であることが重要です。**「あの子は○○だ」ではなく「私は○○されると苦しい（嫌だ、心地悪い、ざわざわするなど）」というふうに探していきます。苦手な相手、嫌いな相手、合わない相手の言動や特徴《とくちょう》は、「私は何が苦手なのか（苦しいのか、嫌なのか）」を探すための手がかりにすぎません。

私は、しばしば学生さんから「あの子がどうも苦手」「どうしても好きになれない人がいる」という相談を受けます。そんなとき、一緒にこの「苦手の深掘り」をすることがあります。苦手の理由、自分を刺激する相手の言葉や行動や特徴を、「私はそうされると苦しい」「私はそういった特徴の人を苦手と感じる」という「私は」を主語とした言い方で表現していきます。すると、「私はこれが嫌だったんだ。わかってすっきりした」と言ってくれる人がほとんどです。結果、見えてくるのは、**自分が自分の心の安全や安**

定を守るために必要な防衛《ぼうえい》ライン、つまりバウンダリーです。何が自分にとって不快な刺激となるのかが理解できなければ、防衛ラインを引くことはできません。

このことをわかっておくことで、今だけでない、これから出会う苦手な相手・合わない相手との安全な関係作りに備えることができますし、トラブルや苦痛を減らすための手立てになります。

●苦手を深掘りして問題点を見つける

もしナルくんの話を聞いた北澤先生が、面談の中でこの「苦手の深掘り」を手伝ってくれたら、何を見つけることができたでしょうか。

趣味《しゅみ》が合わない、ノリが合わない、でも「合わない」を理由に距離をとることがいけないことのように感じてしまう、だけど「合わない」のに無理して合わせるふりをするのがつらい、けれど誰かを傷つける自分になりたくない、そうやって自分の気持ちを押しこめるのがつらくてどんどん苦手になる……。いろんな「ぼくは」が主語の思いが出てくるかもしれません。

同時に、よっくんの行動の問題も明らかになると思います。例えばよっくんが授業中にちょっかいをかけてくること。よっくんは、もしかしたらナルくんと仲良くなりたいだけかもしれません。ですが、授業中に集中して問題を解くところにちょっかいをかけるのは、仲良くなるための行動として適切ではありません。もし私が先生なら、よっくんに対してこの行動を「適切ではないよ」と指摘《してき》すると思います。

●「つもり」は相手からは見えない

この本の中でも何度かくり返していますが、**相手に伝わるのは行動と言葉だけ**です。しかし学校では、行動よりも「つもり」という観察できない部分を重視する傾向《けいこう》があるように思います。いじわるするのは好きだから、ちょっかいかけるのは仲良くしたいから、本当はこういうつもりだった、そんなつもりはなかった……。観察できない「つもり」を持ち出して加害的な行動や言葉を見逃《のが》すのも、「みんな仲良く」の弊害《へいがい》だと私は思います。

北澤先生の言う、「ケンカするほど仲がいい」もそうですね。そこに誰かを傷つける行動や言葉があり、傷ついた人がいるのに、ありもしない「つもり」を持ち出してトラブルにふたをしようとしているわけです。

●先生はなぜ向き合ってくれないの？

なぜ学校では「みんな仲良く」などという目標が好まれるのでしょうか。私が推測する理由のひとつは、そのほうが先生にとって都合がいいからというものです。先生たちはとにかく忙《いそが》しいので、忙しい上に生徒同士の間でトラブルが起きたら仕事が回らなくなってしまいます（当然ですが先生たちの忙しさの原因、例えば人手不足などは、みなさん生徒にはまったく責任がありません）。だから、「みんな仲良く」あること、少なくともそう見えることを願ってしまいます。

もちろん、みなさんにとっても、トラブルはないほうが良いはずです。ですがここで問題なのは、**トラブルを防ごう、仲良くしよう（させよう）という目標が先にあることで、生徒たちが苦しいときに苦しいと言うこと、嫌なことを嫌だと言うこと、その言葉が封《ふう》じられてしまうことです。**

北澤先生も、ナルくんとよっくんとの間に「何があったのか」を確認する前に「（よっくんはナルくんを）頼ってるだろう」「誰とでも仲良くできるのがいいところ」「ケンカするほど仲がいい」「3組は入学してからみんなすごく仲が良い」と「トラブルではない」前提でたたみかけてきました。先生はナルくんのモヤモヤや傷つきを無視して、自分の「こうあってほしい」を押しつけていいます。

●心のなかにとどめて我慢《がまん》していない？

よっくんも、たとえナルくんのことが好きで仲良くしたいと願っていても、ナルくんに不快な刺激を与える行動を選んでしまっています。もしかすると、よっくんにはナルくんのバウンダリーが見えていないのかもしれません。なぜなら、ナルくんがよっくんにバウンダリーの存在を見せないようにしているからです。

ナルくんは、自分がよっくんを嫌だなぁと感じてしまうことを「自分の心の問題だ」と言いました。誰かを好きになれない、合わないのを相手のせいにする人がたくさんいるなかで、自分を主語にして「心の問題だ」と言えるのはとても素敵だと私は思います。**でも心の問題だからこそ、我慢《がまん》してはいけないんです。**

●気持ちをどうやってあらわす？

突然《とつぜん》ですが、「気持ち」ってなんでしょう？　気持ちは「心で感じる」とよく言われますが、では「心」ってどこにあるのでしょう？　心という臓器《ぞうき》はありませんよね。実は、気持ちは「からだ」で感じる反応なんです。

例えば、いきなり全校生徒の前でスピーチしろと言われて、何を言おうと考える間もなくステージにあがったら、心臓がバクバクするかもしれません。あるいは手が汗《あせ》ばんだり、身体がカチカチに硬《かた》くなったりします。その身体の反応に「緊張《きんちょう》」という名前をつけたのが気持ちです。

誰かから不当な扱《あつか》いを受けたりばかにされると、ある人は頭が熱くなったり（頭に血がのぼる）、ある人はお腹のあたりが熱くなったり（腹がたつ）、または胸のあたりがむかむかしたり（ムカつく）します。その反応が「怒《いか》り」という気持ちです。

気持ちは刺激（情報）に対する身体の自然な反応なので、汗やおしっこと同じです。よく「気持ちをコントロールしろ」と言われますが、汗をコントロールできないですよね。そのままにしておくと不快ですし、あせもができてしまいます。尿意も我慢すると膀胱炎《ぼうこうえん》になってしまいます。でも、汗をふいたりシャワーを浴《あ》びたり、トイレに行ったりと、適切に対処することはできます。気持ちも同じです。**気持ち自体をコントロールできません。できるのは、適切に「表現する」ことだけです。**

●嫌だと言えないときには「真顔《まがお》」

では、「よっくんのことが嫌だな」という気持ちをどう表現するか。「君のことが苦手だ」と直接伝えるというのもひとつです。ですが、最適な方法かというと私はそう思いません。

例えば、私が仕事で疲《つか》れて帰ってがんばって作った料理を家族から「これ苦手なんだよね」と言われたら、たとえそれが事実でも、とっても傷つくと思います。あなたたちのためにがんばって作ったのに、という不満。もしかして今までもずっと苦手なものを出して我慢させていたのかな？という不安。そういった不満や不安でいっぱいになるはずです。それに「苦手なものが食卓に出る」という出来事を防ぐために、私と家族との間で「何が苦手か」「今日の夕飯は何にするか」というやりとりが欠けていました。

ナルくんとよっくんの間でも似たようなことが起きています。ナルくんはよっくんから「嫌だな」と思うことをされても、我慢して笑って受け入れてきました。そんなナルくんからいきなり「君のことが苦手だ」と言われたら、よっくんは驚《おどろ》きますし、深く傷つくでしょう。それはナルくんの本意ではないはずです。

よっくんを遠ざける前に、まず、「我慢してよっくんに合わせる」ことをやめてみたらどうでしょうか。私も、誰かに嫌なことをされたり言われたりしても、はっきり「それ嫌です」と言えないことが多々あります。

そのとき私がしているのは「真顔《まがお》」です。**笑えないことを言われたら、笑わない。興味のない話題を押しつけられても、笑わない。真顔で、そしておだやかにゆっくり「ふーん」「そうなんだ」「それで？」と返事するだけです。**相手の言うことを否定はしません。

ただ自分はそれに「のらない」ことを、真顔という表情で示します。

人はほほえみかけられると「受け入れてもらえた」と思いこんでしまいます。まずはその誤解をとくんです。私は聞きたくないよ、その話に興味ないよ、その話をする相手は私じゃないよ、と「笑顔では反応しない」ことで相手に伝えます。ちょっかいにも反応しません。無視もしない、否定もしない。**ただ「笑顔では反応しない」ことで境界線を引きます。**

こうすることで、自分の反応（気持ち）を守ってあげることはできます。この真顔戦《せん》略《りゃく》、笑わない戦略は、将来さまざまな「NOと言えないけれど嫌だ」という出来事に遭《そう》遇《ぐう》したときにも役立ちます。

この本を読んでいる大人のみなさんへ

「先生は誰とでも仲良くできるんですか？」

このナルくんの問いにYESと答えられる人はいないと思います。「先生」をお父さんやお母さんに言い換えても同じです。もちろん、誰とでも「仲の良いふるまい」ができる人はいるでしょう。それは社会生活を送る上で役立つスキルでもあります。会社での人間関係や親戚付き合いで「嫌だな」「合わないな」と思っても、波風立たせず、内心は隠して穏便にやりすごすというミッションを、私たち大人は日々ナチュラルに達成しています。

みなさんが子どもたちに「みんな仲良く」と伝えるとき、期待するのはこの「内心は隠して表面上は穏便につきあう」スキルでしょうか。であれば、それを明言すべきですし、その方法もちゃんと伝えなければなりません。もし「どんなに嫌な相手でも心から好きになって仲良くすること」を期待するのであれば、自分でもできない高すぎる目標を子どもたちに望んでいる、不当な要求だということを自覚しましょう。

そして**合わない相手と「内心は隠して穏便にやり過ごす」ことも、子どもたちにとっては私たち大人よりもずっと難しい**ことを理解する必要があります。

職場を例にあげましょう。職場には合わない相手、苦手な相手、どうしても好きになれない相手がひとりやふたりは必ずいます。ですがそういった相手とは仕事の話さえしていれば、なんとか一日を終えることができるはずです。プライバシーについて明かす必要はありませんし、趣味が合わなくても関係ありません。昼食や休憩時間を一緒に過ごすことも避けられます。オフィスにいることがちょっとつらくなったらお手洗いに立ったりお茶をいれに行ったりと少し席をはずすこともできますし、就業時間後はまったく無関係でいられます。最低限のあいさつと仕事での連絡事項さえきちんと伝達できていれば、それを非礼だと責められることはないでしょう。会話が少なくても、仕事さえしていれば、周囲から「寡黙《かもく》な人」と思われはしてもそれを責められることはありません。

ですが、子どもたちの場合は違います。

朝から夕方まで、子どもたちは学校という空間から逃れることはできません。授業中に教室から出ることは基本的にゆるされませんし、休み時間にふらりとひとりになることも難しく、小中学生だと給食をひとりで食べることはＮＧとされます。気分転換に学校の外に出ることは厳禁です。放課後も部活動があったり塾や習い事で一緒になることもあります。同級生との会話が少なかったり、ひとりで過ごそうとすれば、そのことを大人から心配されます。**子どもの生活は、大人よりずっと逃げ場が少ないんです。**大人はよく「社会はもっと大変だぞ」と説教しますが、子どもの社会のほうがずっと息苦しくてしんどいんじゃないかと私は思います。そして大人は「嫌な相手と表面上は穏便に付き合う」成果としてお給料というリターンがありますが、子どもにそれはありません。**大人が何気なく要求する「みんな仲良く」が、子どもたちにとっていかに高い要求か**おわかりいただけるのではないでしょうか。

私たち大人だって、嫌いな相手や苦手な人、明確な理由はないけれどなんとなく合わない相手がいます。子どもも同じです。ですので「みんな仲良く」なんて攻略不可能なミッションを軽々しく要求することは避けたほうがよいと思います。攻略不可能なので、子どもはできない自分を責めてしまうか、無理に相手に合わせて苦しくなってしまうか、相手との間のバウンダリーに踏みこんで「仲良くしようよ!」の圧をかけることになってしまいます。

苦手な相手とも最低限のあいさつはしよう、好きになれない人がいても悪口や陰口はやめよう、嫌なことを言われて笑えないときは無理に笑わなくていい、どうしたらいいかわからなくなったら大人に相談しよう……。子どもたちにとって有用なのは「みんな仲良く」なんて絵に描いた餅なんかではなく、そういった具体的な対処法なのではないでしょうか。

高校1年生　ハルくんの話

おかしな校則にNOと叫《さけ》びたい！

うちの学校、校則が意味わかんない。

全員何かの部に入らないといけない（転部は禁止）。
女子は編みこみ禁止。髪《かみ》のゴムは茶色か紺《こん》色か黒色。
男子の長髪はだめ。ツーブロックもダメ。ヘアワックス禁止。
生まれつきくせ毛や髪の色が茶色い生徒は、地毛証明書を出さないといけない。
そして下着の色は白かベージュ限定（キモい）。

全部理由がわからない。

いわゆるブラック校則のオンパレードだ。ツーブロックってなんでダメなの？ ていうか長髪はなんでダメなの？ 去年から制服のジェンダーレス化とか言って女子もパンツが選べるようになったばかりなのに、なんで女子の長髪は良くて男子の長髪はダメなの？

ぜんぜん納得してないしムカつく校則ばかりだけど、なかでもマジでキツいのは、季節がからむ問題だ。

今年の夏はありえないほど暑くて、しかもその暑さが10月になっても続いた。で、「10月からは全生徒冬服に切り替《か》える」という謎《なぞ》の校則のせいで、夏日が続いて汗ダラダラなのに、学ランの詰襟《つめえり》を開けちゃダメだって言われて、みんな気が狂《くる》いそうだった。熱中症《ねっちゅうしょう》になったらどう責任とるんだよってムカついて、校門を出た瞬間《しゅんかん》、みんな上着を脱《ぬ》いでいた。

「地域の人たちにだらしないところを見せないように、登下校時もちゃんと着ること」と先生は言うけれど、そんなことで近隣《きんりん》から「だらしない」って苦情が来るなら、近隣の人たちは人の心がないと思う。実際そんなこと言われたことなくし。

まぁそんな感じで長い残暑を必死で耐《た》えて、1月になった。今度は寒くてたまらないのに、うちの高校は、ダウンコートが禁止だ。理由は「学生らしくないから」「制服に合わないから」らしい。はぁ？

じゃあ何を着ればいいんだよって感じだけど、先輩を見るとダッフルコートやピーコートを着ている。しかも黒か紺色限定。いや、俺《おれ》、ダッフルコートなんて持ってねーし。ダウンとモッズコートしかねーし。と思いつつ、背に腹は変えられないから、あわてて母ちゃんに買ってもらったけど（母ちゃんも「えー、なんでダメなの？ ダッフルってけっこう高いんだけど！」って文句言ってた）、重いし、全然寒い。もちろん着たくて着るのは自由だと思うけど、俺は機能優先派だから、軽くてあったかいダウンがいい。そもそも「学生らしい」の意味がわからない。ダウンってそんなに不良っぽいっけ？ んなわけないよな。

氷点下を観測した2月の朝、俺は我慢《がまん》の限界を感じた。このままだと革命起こしそうな勢いだと思って、校門にいた担任の杉村先生に「なんでダウンじゃダメなんですか？　おかしくないですか？」と聞くと、「校則だから」の一点張りだった。「だから、なんでそんなことが校則になったんですか？」ときいても、「先生も本当の理由はわからないんだけど、校則だからなー」と言う。俺もかなりムカついてたから「え、でも、マジでめちゃくちゃ寒いんですけど。**校則って、生徒の健康を害してでも守らなきゃいけないものなんですか？**」と詰め寄ったんだけど、モゴモゴ言って埒《らち》が開かない。

で、挙《あ》げ句の果てに「まぁ、じきに暖かくなるから、あと少しの辛抱《しんぼう》だ」だって。

え？　何それ？　思考停止？？

めっちゃあったかそうなダウンを着ている杉村先生の困った顔を見ていたら、怒《いか》りを通りこして絶望なんですけど……。

POINT

★ハルくんが「おかしい」と感じる校則って、
そもそもなんであるんだろう？

★生徒が納得《なっとく》できないだけじゃなく、
先生も理由がわかっていないのに、
なんで変わらないんだろう？

★ブラック校則は、生徒の何を侵害《しんがい》してるんだろう？

★ハルくんの訴《うった》えに対する杉村先生の答えって、どうなの？

★校則を変えるために、
ハルくんはどんな行動を取ればいいんだろう？

「人権」の知識をつけたら強くなる

● 理《り》不《ふ》尽《じん》すぎるルール

みなさんが通う学校にも、理由がわからない校則がたくさんあると思います。例えば、ツーブロック禁止。なぜ禁止されているのか、合理的な説明ができる先生はほとんどいないはずです。よく言われるのが「犯罪《はんざい》やトラブルに巻きこまれやすいから」というものですが、ツーブロックとそうでない髪型《かみがた》とで犯罪に巻きこまれる確率に有意な差があるというデータは存在しません。理由は説明されていても、それがまったく的外れな場合もあります。

私の住んでいる地域の中学校では、夏休みになると「トラブルに巻きこまれないために露出《ろしゅつ》度の高い華美な服装は禁止」と言われます。この「トラブル」はいろいろに解《かい》釈《しゃく》できますが、「露出度の高い」という言葉から性犯罪を含《ふく》むと推測されます。露出度の高い、「誘《さそ》う」ような服装をしていると性犯罪に巻きこまれやすくなるというイメージは、多くの人に共有されてしまっています。

ですが、実際のところ性犯罪被害《ひがい》と服装との間に関係はありません。性犯罪・性暴力被害にあったとき、被害者がどのような服装をしていたかを展示する「そのとき、あなたは、何を着てた？」というイベントが日本でも開かれましたが、展示された服装はさまざまで、目立たない、おとなしめのものが大半でした。

それに痴漢《ちかん》は制服を着た女子学生をねらいやすいので、もしルールに「理由」を求めるのであれば、制服を禁止したほうがずっと効果的でしょう。「露出度の高い華美な服装がトラブルを招く」というのは間違《まちが》っていますし、性犯罪の被害にあった人に対して「あなたの自己責任」と言うのは二次加害です。

●ルールは本当にあなたのため？

ルールについて「これおかしくない？」と疑問を持つと、多くの場合「理由があるかどうか」の話になってしまいます。しかし、この「理由の有無」についての議論は、さまざまな危うさを含んでいます。「理由があれば誰かを苦しめるルールでも必要だ」という結論につながってしまう可能性があるからです。

そして理由は後からいくらでも「それっぽいもの」を探すことができます。例えば「女子のポニーテール禁止」という規則がある学校は少なくありませんが、その理由としてあげられるのは「女子のうなじを見るとムラムラする男子がいるから」というものです。本当にばかげた理由ですが（もし本当に女子のうなじにムラムラする男子がいるのなら、その男子のほうに何らかのケアが必要だと思います）、どんなにばかげたものでも、大人はこうやっていくらでも理由を探し出してきます。なぜなら、**大人が子どもに課すルールのほとんどは、その目的が「コントロールすること」で、理由は後づけだからです。**

●校則はトラブルや負担を減らすため？

子どもをコントロールしたいという大人の欲求の根っこには、トラブルを起こしたくないという願いがあります。それについては、この本でも度々触《ふ》れてきました。先生たちの間ですら当初の理由や目的が忘れ去られてしまっているさまざまな校則ですが、生徒を効率的にコントロールしてトラブルを防ぎたいという大人の欲求は変わりません。先生たちにとって、校則がなぜ存在するかという理由は二の次なのです。だからさまざまな理不尽《りふじん》な校則が今も残っています。

加えて、「変える」ためのアクションが負担になってしまうほどの忙《いそが》しさも、校則が変わらない理由のひとつです。先生たちの多くは健康が守られない、意見が尊重《そんちょう》されない、忙しすぎる環境で働いています。先生自身も守られていないのですから、生徒の健康や意見表明について考えが及《およ》ぶはずもありません。それらが、先生が校則の理不尽さに対して思考停止してしまう要因です。

●「人権」という視点でルールを見てみると

「なぜこんなルールがあるんだろう」と理由を調べることは大切です。ですが理由探しにばかりこだわってしまうと、もっと大切なことを見失ってしまいます。

それは**「人権」**です。

例えば、下着の色を指定するキモいルールですが、もし大人が働く会社に同じルールがあれば、セクシュアルハラスメントとして問題になるでしょう。**大人の社会で通用しないルールが学校で問題にされないのは、子どもだからという理由で人権が軽んじられているからです。**

髪型が人種・民族的アイデンティティと深くむすびついている場合もあります。例えば、「コーンロウ」という髪型はアフリカにルーツのある伝統です。私たちは学校で「伝統を大切に」と教えられますし、それぞれの人種・民族的アイデンティティを大切にして差別されない権利は、子どもの権利条約で保障されています。ですが兵庫県のとある県立高校では、この髪型で卒業式に出席しようとしたアフリカにルーツを持つ学生の出席を認めず、人目につかない場所に着席させ、名前を呼ばれても返事をしないよう指導しました。これは日本とは異なるルーツを持つ学生に対する明らかな差別です。

地毛証明の要求も同じく、持って生まれた髪の色や形状を「異質である」とする差別です。下着の色と同じく、もし大人が働く会社で同じルールがあれば、パワーハラスメントであると厳しく批判されるでしょう。それがなぜか、対象が子どもだからという理由であいまいな線引きがされ、人権が侵害《しんがい》されています。

ルールの妥当性《だとうせい》について検証するときに何よりも大切なのは、この「人権」という視点です。

●ルールは人権のためにある

そもそも、あらゆる「ルール」が必要とされる理由はひとつです。それは、人権が守られるためです。**「人権が守られる」ためには、誰かが誰かの権利を一方的に侵害しないこと、権威《けんい》を持つ人がその力を使って他の誰かを支配したり、虐《しいた》げたりしないことが必要で、そのためにルールがあります。**

例えば、誰かと一緒に何かをするとき、どちらかが「こうしたい」と言っても、相手がNOの場合、そこで衝突《しょうとつ》が起きます。YESを押し通すことでNOという人の安全が脅《おびや》かされる場合、「NOという人の声、そしてNOと言いたくても言えなかった人の意思を無視してはいけない」というルールがNOと言う人や言いたいのに言えなかった人の権利を守ります。4章で触《ふ》れる「性的同意」がこの一例です。

校則とは違いますが、子どもに対する体罰《たいばつ》は法律で禁止されています。これも、親や教師がその立場を使って「暴力を受けない」「自分らしくのびのびと成長する」「差別されない」「自由に意見が言える」など、子どもの権利を侵害しないために設定されたルールです。校則の中でも、例えば、いじめの禁止はこの権利を守るためのものです。

●「人権」を軸《じく》に訴《うった》えてみよう

人権は「あなた」と「わたし」が互《たが》いに大切にされるために必要です。つまりバウンダリーを支える大切な要素なのです。もし誰かと誰かの権利がぶつかった場合、**より立場の弱い人へのダメージを減らすためにルールが必要**とされます。ですから、本来あらゆるルールは「人権を守ること」が目的なのです。

校則も例外ではありません。ハルくんの「校則って、生徒の健康を害しても守らなきゃいけないものなんですか？」という質問は、とても的を射《い》た妥当な問いかけです。この「生徒の健康を害しても」がポイントです。健康に過ごすことも人権ですから。ハルくんは「どうして」と理由を問うだけではなく、人権というキーワードをテーブルの上にのせました。まさにこれが、校則を変えるために効果的なアクションの入り口です。「理由がわからないルールを生徒に課している」という事実で先生にゆさぶりをかけて、対話の軸《じく》を「人権」へとスライドします。ここで理由探しに没頭《ぼっとう》しないことが重要です。先生はどんどん理由を作り出してきますから。校則を変えるための方法は、何も署名《しょめい》や集会や生徒会への立候補《りっこうほ》といったアクションだけではありません。**「ダメだ」という指導に対し「人権侵害ですよ」と指摘しつづけることも効果的です。**そのために、子どもの権利条約や憲法の条文をおさえて理論武装《りろんぶそう》しておくことも役立ちます。

●「しれっとボイコット」作戦

私の子どもは、中学生だったときに**「ひとりでしれっとボイコット」**という方法で「寒いときに校内で上着（パーカーやカーディガン）を着てはいけない」という理不尽なルールに抵抗《ていこう》し、先生のあきらめを引き出して上着ＯＫを実現しました。ちょっと勇気は要りますが、行動は簡単です。ただ守らない、それだけ。

ある寒い日、彼女はしれっと上着を着用しました。当然注意されました。注意に対して「寒さを我慢させることは健康を損なわせる人権侵害です」という主張をしました。彼女は何度注意されても従わず、主張を曲げず、最後は私も対話の場に出て同様の主張をして「校内での上着着用ＯＫ」を実現しましたが、そこまでねばるかどうかはそのときの状況《じょうきょう》と気力次第です。たかが3年間在籍《ざいせき》するだけの場所ですから、ひとりで「変える」責任を担う必要はないと思います。

ただ、一度でも「人権侵害ですよ」という問いを先生に投げかけることで、そこから生まれる小さな波紋《はもん》がやがてどんどん大きくなり、変化につながる可能性を、私は信じています。

この本を読んでいる大人のみなさんへ

理不尽な校則がある。そう子どもから聞いたときの大人の反応は、主に3通りあるように思います。

ひとつめは「社会はもっと大変だぞ」というもの。すでに記しましたが、社会での「ルール」のほうが校則よりもずっとマシな場合が大半です。もちろん「大人の社会」には明文化されていない暗黙の了解事項がたくさんありますが、少なくとも法律に違反するようなルールが大っぴらにまかり通ることがありませんし、そういった違法なルールを通報する内部告発は制度として守られています。髪型や服装を強制されることはほとんどありません。もちろん職務にふさわしい髪型や服装は求められますが、大抵の場合は事前に説明され、同意の上で職務につきます。説明も同意もなく、ただ遵守だけを求められる学校とは大きく異なります。「社会はもっと大変」ではありませんし、子どももその社会の一員です。**大人が「子どもの社会」をこの世の中から切り離して、人権を軽視することで子どもたちは苦しんでいます。**

ふたつめは「自分たちの学生時代はもっと大変だった。でもそのおかげで（以下略）」です。私たちも学生時代は理不尽なルール、指導、体罰や暴言に苦しんできました。そしてそういった理不尽なルールや指導、とりわけ体罰になんの効果も必要性もなかったことを、大人になって気づきはじめます。自分がされてつらかったかったことに、まったく意味がなかった。その事実を受け入れるのは苦しいことです。自分たちがされたことが無価値だったことを認めるよりは、そこに何かの効果や意味を探すほうを選びます。その結果が「自分たちの学生時代はもっと大変だった。でもそのおかげで（以下略）」です。一種の正常性バイアスと言えます。

そしてみっつめの反応が「ルールが嫌なら自分で変えろ」です。これはまったくもって無責任な反応です。ルールを作ったのは、子どもたちではありません。大人です。変えずに維持してきたのも大人です。自分たちでつくり、維持しているルールを「お前が変えろ」というのでは、暴君が市民革命をけしかけているのと同じ。「お前たちでは絶対に変えられない」という伏線が見え隠れしています。「自分で変えろ」と革命を支持しているようで、じつは無力感を植えつける言葉です。

校則がしんどいと言われたら、まずそのしんどさを否定しないことです。子どもの話を聞きながらいろんな気持ちや考えが生じても、それは「自分の反応」であることをしっかり自覚しましょう。子どもは私たちとは別人で、今起きていることは子ども自身の生活に関わることで、私たちの思い出とは無関係です。なにより避けたいのは苦労自慢です。厳しいルールの中を生き延びた個人的な記憶は、「自分の経験が無価値であってほしくない」という願望によってすでに脚色されています。なんの参考にもなりません。
そして子どものしんどさのなかに人権の侵害がないか、しっかり聞き、調べましょう。このとき大切なのは、たとえ子どもが「しんどくない」「嫌じゃない」と言っても、子どもをとりまく環境の中に人権侵害があれば、それを問題にする姿勢を持つことです。

子どもの話を「嫌か嫌じゃないか」ではなく「人権が侵害されているか」という軸で聞くことが、子どもの安全と尊厳を守ります。

高校3年生　マコトくんの話

やりたいことがあるのに。先生に進路を反対された

進路指導室で、何回絶望しただろう。

僕《ぼく》の第一志望はM大学だ。

M大には、僕の勉強したい地理学科がある。そこの野村教授という人の授業を受けるのが、僕の今いちばんやりたいことだ。

進路指導の中里先生にそれを初めて伝えたとき、中里先生は、

「それはもったいないと思う。山城の成績ならもっと上を目指せるぞ」

と言った。

僕は「え、話聞いてました？」と思った。

たぶんうちの学校の方針なんだろうけど、中里先生の指導は、生徒を偏差値《へんさち》ごとにランク付けして、目指すべき大学を薦《すす》めるというものだ。要するに、一人でも多く高偏差値の大学合格者を出して、学校の実績を上げたいんだと思う。生徒が何に興味があって、どの学部に入りたいかなんてどうでもいいのだ。

いや、いいわけないだろ！

と僕は叫《さけ》びたいのだけど、もちろんそんなこと言えない。**学校には「NOと言えない」空気が充満している。**だからなるべく先生の言葉を否定しないように気持ちを伝えるんだけど、中里先生はわかってくれない。言葉は通じるんだけど、話が通じないというか。三者面談でも、親の前で「彼はもっとできる子です、チャレンジするべきだと思います」とまくしたてるから、親まで先生の考えに染まってしまって「M大も受けてもいいけど、T大やY大も受けるだけ受けてみたら？」なんて言い出す始末だ。だいたいM大だって決して簡単ではないのだ。さっさと目指す先を決めて、M大のための受験勉強に集中したいのに、行きたくない大学に受かるために余計な時間を費やす余裕《よゆう》なんて僕にはない。どうしてわかってくれないんだろう。

だいたい、中学生のころからそうだった。学校でも、塾《じゅく》でも、サッカークラブでも、「優秀であること」だけを求められた。サッカーはそんなに上手いほうじゃないけど、友だちと一緒にプレーする時間がすごく楽しいから続けてきたのに、親も先生もそんな話は全然聞いてくれなかった。サッカーで3回連続スタメンに選ばれなかったときは、親に「スポーツはやめて、そろそろ勉強に集中したら？」と言われた。そんなふうに言われるたびに楽しかった気持ちはどんどんしぼんで、「サッカーが好きな僕」は「サッカーができない僕」になってしまった。結局高校では、サッカー部に入ることもやめてしまった。

学校や塾では、点数やら偏差値やら、数字の話しかされなかった。僕が何に興味があって、何が楽しくて、どんな道を進みたいのか、誰も聞いてくれなかった。そんなときに僕を支えてくれたのが、野村教授の地理の本を読むことだったんだ。

中里先生は「おまえなら、絶対受験に勝てる」と言う。謎《なぞ》に目がギラギラしてる。きっと、ぼくのことを真剣《しんけん》に考えてくれているんだろう。

でも。

やっぱり僕にはわからないんだ。

「勝つ」ってなんだろう。「負ける」ってなんなんだろう。

行きたくもない大学を受けて、そこに落ちたら、僕は「負け」たことになるんだろうか？


先生は「もっと上を目指したほうが、将来絶対お前のためになる」と言う。将来の僕のことは、正直わからない。親や先生みたいに経験値もないし、大学がどんなところかもわかっていなければ、卒業後のこととか、就職のこととか、そんなところまでわからない。少しでも偏差値の高い学校に入ったほうがもしかしたら将来的に有利だってことがあるのかもしれない。でも、今僕が地理学に興味があるのは、確実なことだ。なのに先生は、「将来の僕」の話ばかりして、目の前にいる「今の僕」を見てくれない。僕は、ここにいるのに。


先生、僕を見て。

僕の話を、今ここにいる僕の話を聞いて。

POINT

✶先生はどうしてマコトくんの話を聞いてくれないのかな？
なぜこんなに話が通じないいんだろう？

✶先生はどうして物事を「勝ち負け」で
考えてしまうんだろう？

✶マコトくんは、どうしてはっきり
「NO」と言えないんだろう？

✶マコトくんは、先生や親に自分の気持ちを
理解してもらうために、
どんなふうに行動すればいいんだろう？

「好き」は最強のバウンダリー

●「将来のため」に生きてるの？

小学校では、先生が児童たちに「中学校に行ってもはずかしくないように」と言いながら指導しています。中学校では「良い高校に入れるように」で、高校では「良い大学に入るために」指導が行われています。大学に入ったらどうでしょう。次は「良い会社に就職する」ための準備が始まり、いまや多くの大学が就職率の高さを学生集めの「売り」にしています。就職し、働きはじめてからはどうでしょう。今度は「老後の心配をしないために」貯蓄《ちょちく》や資産運用をすすめられます。そうやってようやく「安定した将来」にたどり着いたとき、私たちはすっかりお年寄りです。身体は衰《おとろ》え、思うように動かなくなり、健康に不安を抱《かか》えるようになっています。やっと「今・ここ」を生きられるようになったはずなのに、好きなことへのチャレンジをたくさんあきらめなければなりません。

人生の3分の1以上を「これからのため」に使う生き方って、幸せなのでしょうか？

●大人たちの期待って無責任

私はソーシャルワーカーの仕事で各学校を回っていますが、どの学校でも「今・ここ」より「将来」「これから」が大切にされていて、なんとも言えない気持ちになります。私自身ずっと「将来のため」に努力してきましたが、子どものころに周りが私に期待した「将来」を、私は実現できていません。ですが、私に「もっと良い大学」を期待し「将来のための努力」を求めたあのときの大人たち、親や先生たちは、こうやって本を出したりテレビに出たりしている今の私を見て「立派になったね」と言ってくれます。あのとき大人が私に期待し要求した仕事をしているわけではないにもかかわらず。きっと彼らは、自分たちが当時の私に何を期待したかなんてすっかり忘れているのでしょう。

大人の期待なんて、実はその程度なんです。とても無責任なんです。その無責任さに応える必要はまったくないと、私は考えます。

●好きなことを聞いてもらえていたら

私の訪問先には、実業系や工業系の高校も含《ふく》まれています。そこに通う生徒たちは高校在学中に専門的な資格をとり、卒業後の就職に活かします。高校時代の私はただ漫然《まんぜん》と勉強だけしていたので、すでに自立したキャリアを見すえている彼らをとても立派に思います。そういった高校も「就職率の高さ」を売りにしていて、たしかに手厚く就職をサポートしてくれるので、経済的な事情などで自立が求められる生徒たちの支えになっています。

ですが、全員が就職しても、必ず一定数の子たちがすぐ仕事をやめてしまうのです。彼らに話を聞くと、「進路選択《せんたく》のときにしたいことや好きなことを聞いてもらえなかった」と口を揃《そろ》えて言います。受けたかった企業には、学校の成績順に推薦者《すいせんしゃ》がわり当てられ、エントリーすらさせてもらえなかった。本当は海外に語学留学したかったけれど「とりあえず就職してから」と説得され押し切られてしまった。遠方にある新しい企業に就職したかったけれど「地元ではないし今まで実績がないから」と何のサポートもしてもらえず断念した。そのように**「今・ここの自分」の好きなことやしたいことを無視されると、大人の期待通りの選択をしても、その先で自分と環境との間に違和《いわ》や心地悪さ、居場所のなさを感じるようになり、そこから離れてしまうことがあります。**

そして「今・ここの自分」を軽んじた先生たちは、誰も責任をとってくれません。先生たちにとっては、自分の生徒が就職を決めたり、より良い大学に行ったら「勝ち」なんです。そこで勝負ありですから、その先でドロップアウトしようが退学しようが関係ありません。卒業したら先生の関心は、次の勝負にすっかり移っています。

●先生の言う「勝ち負け」って？

なぜ生徒や子どもの進路が大人にとっての「勝負」になってしまうのか。ここでもバウンダリーの混乱が起きています。自分の教え子や子どもへの社会的な評価を、自分自身への評価であると錯覚《さっかく》してしまうのです。

もちろん進路は選択と挑戦であって、勝負ではありません。勝負になってしまうのは、先生も親も外からのわかりやすい評価がほしいからです。私たちは「自分で自分を認める」ことに慣れておらず、幼いころから周囲の評価を得るためのがんばりを要求されてきました。そうして育った人は、誰かから評価されないと自信を失います。その自信を取りもどすために、生徒や子どもを自分のアバターにして、受験や就職という明白な成果に依存《いぞん》してしまいます。クリアできれば評価を勝ちとれ、できなければ負けになるということです。

私も子どもを育てていますが、子育てに正解はなく、手探りで、ほとんどの場合、誰からも評価されません。これでいいのかなと不安になることもあります。子どもが良い学校に入ったり、良い成績をとったり、スポーツや芸術などで周りから評価されるわかりやすい活躍《かつやく》をすると、大人は「これが正解だ」と安心できます。毎日たくさんの生徒を教える先生も同じでしょう。その結果、子どもの挑戦を大人の勝負にしてしまい、子ども自身で出した成果を奪《うば》ってしまうことになります。**子どもの成果を奪う大人の多くは、「わたしはわたし」という軸《じく》がぐらんぐらんにゆらいでいるのだと思います。「わたしはわたし」がゆらぐので、子どもを自分とは異なる個として尊重《そんちょう》できなくなってしまうのです。**

●自分の考えを大切にするために

先生や親たちは、自分の経験値から「正しい」ことを言っていると信じています。ですが、大人の言っていることが正しいかどうかということは、ここではあまり問題ではありません。大切なのは正しいかどうかではなく、「わたしが」どうしたいかです。「先生の考えが正しいかどうか」という土俵《どひょう》にのらず、「先生の考えはそうなんですね。でもこれはわたしの進路についてなので自分の考えを大切にします」をくり返せばそれでOKです。

私はこれを**「壊れたレコード戦法」**と呼んで、相手を説得しようとするとかえって巻きこまれてしまう場合や、そもそも説得する必要がない相手に対してよく使います。

大学受験の良いところは、生徒が自分自身で出願できるところです。もちろん受験のスタイルによっては先生に書いてもらう書類もありますが、たいていの大学は高校を通さずオンラインでエントリーできます。それをわざわざ邪魔《じゃま》するのは、高校にとってメリットがひとつもありません。「M大学に行く」のがマコトくんの目標で、中里先生を説得することではないはずです。自分でエントリーし、自分で受験する、最終的に邪魔されなきゃそれでいい。そうやってほどほどにあきらめることも、ときに自分を助けてくれます。

●「好き」は最強のバウンダリー

マコトくんが中里先生にはっきりと自分の意思を表明できない理由のひとつは**「好き」が軽んじられてしまっている**ことだと思います。

自己紹介や履歴書《りれきしょ》などで「趣味《しゅみ》と特技」をきかれたり書いたりしますが、私はいつも特技が書けなくて困ってしまいます。私は料理が得意で、週末は時間をかけてちょっと凝《こ》ったものを作ったりしています。ですが私よりずっと料理上手な人はたくさんいますし、プロの料理人や料理研究家のレベルではありません。「料理が得意って言っていいのかな」とびくびくしてしまいます。どのレベルになったら「特技」って胸を張れるのかなと悩《なや》みます。だからいつも「特技というほどではありませんが料理が好きで…」と謙遜《けんそん》するような言い方をしてしまうのですが、そんな言い方をすると「料理が好きなこと」にも自信がないみたいで、なんだか情けなくなってしまうのです。

好きなだけじゃダメ、誰からも認められる「特技」でないといけない。今好きなだけじゃだめ、将来役に立たなきゃいけない。気づいたら、そんな考えに私自身が染まってしまっていました。

先ほど大人は他者からの（子どもに対する）評価に依存していると書きましたが、これは大人に限った話ではないと思います。まだ子どものみなさんも、自分で自分にＯＫを出す前に他者から評価されることに慣れてしまって、誰かに認められたり役に立たなければならないと考えてしまうことがあるはずです。

本当なら、**「ただ好きなだけ」はとっても大切で、何よりも胸を張っていいことなんです。**誰かからの評価に依存しない、ゆらがない、それだけの強さを持ったものだからです。**「好き」は最強のバウンダリー**だと私は考えています。

●NOと言う力は取りもどせる

マコトくんが先生の要求や提案に対してNOと言えないもうひとつの理由は、小さなころからじわじわと、大人に対してNOと言う力が奪われてしまっているからだと思います。「大人のいうことを聞きなさい」「大人に評価されるようがんばりなさい」といったメッセージを受けとりつづけることで、子どもは大人に対して意見を言うことができなくなります。そして自分の好きなことよりも、大人に評価されるための手段を優先してしまいます。そのようにして、自分のなかの「ただ好きなこと」の価値までゆらいでしまうのです。

今の僕を見て。今ここにいるわたしの話を聞いて。その言葉が出てこないのは、大人に意見する力が、少しずつ奪われてしまったからです。でも、奪われた力は、取りもどすことができます。今は何も言えなくてもかまいません。自分の好きなことを大人に認めてもらおうとすると、その「好き」の形は大人が期待するもの（将来に役立つ、学歴につながるなど）にゆがめられてしまう可能性があります。**ただ今・ここにいる自分の「好き」をあきらめない、手放さない。自分のなかの「好き」を守れるのは自分だけ。**他者からの承認《しょうにん》や評価は必要ありません。

この本を読んでいる大人のみなさんへ

私たち大人の子どもに対する心配や期待は、常に将来に向いています。今よりもっと活躍してほしい、将来もっと幸せになってほしい。なぜまだ来ていない方を向いてしまうのでしょうか。理由のひとつが、私たち大人のなかにある不安なのだと思います。

私たち大人は、この世の中がとても不安定であると知っています。お金がないと苦労することを知っています。キャリアが途絶えると再チャレンジがとても難しいことを、失敗したりつまずいた人に冷たいことを知っています。学歴や職種で差別されることや、他者からの評価で成功できるかどうかが決まることがあると知っています。

そして、他者からの評価がないと人はとても不安になることを、身をもって知っています。だから自然と、この不安定な世の中で生き抜くための安定したキャリアや経済力、それを支える他者からのわかりやすい評価、承認、あるいは賞賛を子どもに要求するようになります。それはたしかに「子どものため」です。同時に、親や教育者として他者からの評価を得るためでもあります。後者の欲を「子どものため」でごまかすことで、子どもの意見を封じてしまいます。

たしかに不安定な世の中です。心配は尽きません。ですが、その中で安定して生きていくことを子どもに要求するのと同じだけの熱量を、私たち大人は「世の中が安定すること」に向けてきたでしょうか。世の中が安定することとは、つまり転んでもつまずいても揺らがない、あるいは転んでも立ち上がれる、そんな世の中になることだと私は考えます。そして他者からの評価でつまずいたり転んだりしない世の中です。失敗を恐れず挑戦できる、何度失敗しても何回でも再チャレンジできる、転んでも支えがある、誰かからの評価に左右されず自分の好きなことを大切にできる、活躍や生産性を求められない、じっくり考えて迷うことがゆるされる、いつでも進む方向を変えられる、そんな世の中のほうがずっと「生きやすい」のではないでしょうか。

私たち大人が子どもの「好き」や「今・ここ」を大切にできないのは、そして子どもたちが自分の「好き」を大切にできなくなってしまうのは、世の中に余裕がなく、不安定だからです。そんな世の中を作ってきたのは私たち大人です。そんな世の中（社会）を温存したまま、子どもたちに将来の安定や他者から評価される活躍を求め、そして自分たちが余裕のない世の中を生きていくために子どもをアバターにして他者からの評価を求めるのは、大人として無責任だと思います。

学校の先生が、親が、塾の先生が、スポーツのコーチが、芸術の指導者が子どもに向ける期待の熱量に、大人の私でも圧倒されることがあります。その熱量の半分だけでも

「世の中を生きやすくする」方に向けると、私たちも子どもたちも他者からの評価に苦しむことがなく、「今・ここ」を大切にできるようになると私は考えます。

PART 4

恋愛関係篇《へん》

中学3年生　ユキちゃんの話

胸キュンしぐさ、無理すぎる…

「壁《かべ》ドンってよくない？」

と、ワコちゃんに突然《とつぜん》言われたのは昨日の帰り道だった。

「え、全然よくない！」と言いかけて、わたしは言葉を飲みこんだ。なんとなくワコちゃんに失礼かなと思ったからだ。


わたしの周りではあんまり耳にしないから、久しぶりに聞いたわ、その言葉……って感じだったんだけど、帰ってからママが読んでるマンガを見てみると、壁ドンシーンが出まくっているではないか。めっちゃイケメンの男子が壁ドンして、ヒロインに「俺《おれ》のことどう思ってんの」とかきいてて、なんじゃそりゃ…って感じだけど、ママはそのシーンにキュンキュンするんだって。

恋愛マンガ好きのママによると、他にも「あごクイ」(あごをクイッとされる)とか「あすなろ抱《だ》き」(男の子が女の子を後ろから抱きしめる)とか「頭ポンポン」(頭をポンポンとなでられる)があるらしい。

バリエーションありすぎだろ。やば。

次々とくり出される関連用語にわたしがドン引きしていると、ママは「もちろん相手を選ぶし、二次元かドラマか、妄想《もうそう》までの話だけどね!」と笑って付け足したので、「現実でやるのは超イタい」ってことをママもわかってるんだな、と少しホッとした。ちなみにそういう系の行為《こうい》は「ただしイケメンに限る」というのが前提らしい。そこで、わたしの中ではクラスでいちばんイケてるモトくんに壁ドンされるところを想像してみたけど、やっぱり無理だった。無理すぎました。

それで今朝、勇気を出して、ワコちゃんに「わたし、壁ドンはやっぱりキモいかも……」と伝えてみたら、「そりゃ、なんとも思ってない人からされたらやばすぎだよ。でも好きな人からだったらめっちゃときめくと思う！」とはしゃいでいた。「え、でもいきなり道ふさがれるのとか、恐怖《きょうふ》じゃない？」ときくと、「でも突然のほうがドキドキ感が増さない？」と言うから、もうお手上げ。やっぱりわたしは少数派なのかな。恋愛したことないからわからないだけ？

壁ドンもあごクイも全部、やる側が強引で、やられる側が抵抗《ていこう》できないっていうところがキモすぎると思う。「あすなろ抱き」なんて、いきなり後ろから抱きつかれるんでしょ？　想像しただけで怖《こわ》すぎるだろ。これって許容範囲《きょようはんい》の問題？　プライドの問題？　いったいなんなの？

気になって「壁ドン」を検索《けんさく》してみたら、２０１４年の流行語大賞でトップ10入りしていたという情報を見つけた。２０１４年ってかなり前じゃん。でもわたしたちの世代もみんな壁ドンの意味はわかってる……とすると、壁ドンってもう定番化しちゃってるってこと？　そんななの？

他のみんながどう思っているか気になって、となりの席のレンくんに「ねぇ、壁ドンってどう思う？　やりたい？」って聞いたら、「いや、現実でやるやついないだろ」と即答《そくとう》だったのでホッとした。

でもその後、間髪《かんぱつ》入れず**「でもまぁ、強引な感じが好きな子って多い気がする。女子って実はみんな、心の奥に強引に迫《せま》られたい願望があるっていうか……」と言われたので、絶望した。**あとなんか妙《みょう》にカッコつけた表情つくってて余計キモかった。

はぁ？　「みんな」って誰？　「心の奥」ってなに？　「願望」ってソースどこ？　ないよ。少なくともわたしは、まったくないんですけど。

その日は日直だったので、放課後に残ってクラスの提出プリントをまとめて仕分けしていたら、急に頭をポンポンとされた。びっくりしすぎて後ろをふり向くと、レンくんが「がんばってすごいじゃん」とほほえんでいた。

嘘《うそ》でしょ？

え、もしかして、朝の質問が「振《ふ》り」だと思われてた？？？

生まれて初めての「頭ポンポン」は、今まで体験したことないぐらい不快で、マジで気持ち悪くて、レンくんへの友情と信頼は完全に失墜《しっつい》した。

POINT

✶「壁《かべ》ドン」など、一般的に「胸キュンしぐさ」と
言われているものには、どんな問題が隠《かく》れているんだろう？

✶「女子は強引な男子に弱い」って本当なの？

✶「突然《とつぜん》のほうがドキドキ感が増さない？」
というワコちゃんの意見についてどう思う？

✶お互《たが》い合意の上で「壁ドン」を楽しむのなら大丈夫？

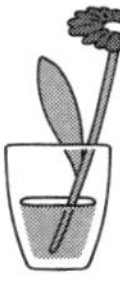

されてもOKな相手は、してこない人

● 無理、怖《こわ》いと思って当たり前

ユキちゃん。ユキちゃんの「みんなって誰《だれ》？」「願望ってソースどこ？」というモヤモヤ（そして多分イライラ）、すごく大切な反応です。レンくんにそのまま言ってあげてほしかったくらいです。「お前が決めつけんな」ですよね。壁《かべ》ドン無理、あすなろ抱《だ》き怖《こわ》すぎる。想像してそう感じることができるユキちゃんは、とってもヘルシーだと思います。

力の強い男性が体格の差を利用して、女性を壁際に追いつめる。それが壁ドンです。男性が女性に背後から襲《おそ》いかかるのがあすなろ抱き。身長差を利用して頭を平手で叩《たた》いてくるのが頭ポンポン、大きな手で無防備な顔をつかんでくるのがあごクイです。こう書くと、どれもただの暴力なんです。される側からすれば、恐怖《きょうふ》でしかありません。

その怖さは、恋愛経験があるからといって和らぐようなものではありません。そして怖さに慣れるような恋愛は、する価値がありません。壁ドンは怖いもので、それを怖いと感じなくなることのほうが「例外」なのです。その例外について、これから説明していきます。

●壁ドンはファンタジー

「壁ドンってよくない？」というワコちゃんの問いかけですが、たぶん「壁ドン（　）ってよくない？」と（　）の中にたくさんの条件が隠《かく》れているのだと思います。例えば「壁ドン（ただし、わたしが好ましく思っていて、わたしが嫌がることはしなくて、絶対に苦痛を与えてこなくて、わたしのことを大切にしてくる相手からの、わたしがOKなタイミングに限って）ってよくない？」というように。

ここで矛盾《むじゅん》が生じます。なぜなら、**あなたのことを大切に思って、苦痛を与えてこない人は、不意打ちであなたを脅《おど》かすようなことをしてこない**からです。**されても大丈夫な人は、簡単にはしてこない人です。**だから壁ドンは「ファンタジー」なんです。

●「イケメン」の解像度を上げよ

よく「ただしイケメンに限る」と言われますが、この「イケメン」はただ顔がいいということではないはずです。イケメンの解像度を上げると、絶対に自分を傷つけず、苦痛になることをせず、自分を大切にしてくれて、ダメなときにNOと言っても不機嫌にならなくて、自分が「来てもいいよ」という心境のときにだけ「強引に」迫《せま》ってドキドキさせてくれる、おまけに身体や顔が近づいても不快にならない、例えば汗《あせ》くさくなくて口臭《こうしゅう》もしなくて服も肌も体も清潔《せいけつ》で……ということになるかと思います。つまり至近《しきん》距離《きょり》に来られても怖くならない、不快にもならない、安全な相手だということです。

解像度が低いまま「イケメン」という言葉を使いつづけると、「女子は顔がいい男になら何をされてもいい」というゆがんだ解釈《かいしゃく》が生まれて、女の子が傷つくような設定やシチュエーションが野放しにされてしまう可能性があります。

そもそも容姿ジャッジは自分勝手なものさしで相手を一方的にはかる、バウンダリーの侵害《しんがい》です。「ただしイケメンに限る」を持ち出した瞬間《しゅんかん》、「ただしかわいい女の子に限る」も有効化されてしまうので、ブーメランのように自分自身を傷つけることになります。まだ「ただし、絶対に安全な相手に限る」としたほうが妥当《だとう》です。

●ドキドキに要注意

さて、ワコちゃんの「でも突然《とつぜん》のほうがドキドキ感が増さない？」という疑問ですが、この「ドキドキ」も要注意です。感情が身体の反応であることはすでに説明しましたが、この「ドキドキ」という胸が高鳴る反応は、必ずしも恋愛でのときめきに限りません。怖い、びっくりした、緊張《きんちょう》した、すべて「ドキドキ」です。

不快なドキドキとときめきのドキドキがあると仮定すると、それぞれ原因は異なりますが、身体の反応はとっても似通っています。そして私たちには、怖い体験をしたときに「大丈夫だ」「危険なはずはない」と自分自身に信じさせる機能や、相手に合わせてダメージを減らして危機を切り抜けようとする機能が備わっています。

ドキドキ、でも大丈夫なはずだ、相手に合わせなきゃ……。そういうさまざまな心の働きが、壁ドンでの「ドキドキ」に集約されている可能性があると私は考えます。

壁ドンは予告なしにパーソナルスペース＝近づかれても大丈夫な距離のバウンダリーを超えて、踏《ふ》みこんでこられる経験です。もし誰かが不意に近づいてきてドキドキしたら、「そのドキドキって、本当に自分にとって心地よくて気持ちのいい感じ？」と、丁《てい》寧《ねい》に探ってみてください。この「ドキドキの混乱」を利用してパーソナルスペースに踏みこみ、コントロールするのは、ＤＶやデートＤＶ（くわしくはＰ２８６へ）の加害者が使う手段だったりします。

●関係を深める「プロセス」をすっとばさない

では、親しくなった間柄《あいだがら》であっても、相手に近づいたり相手の身体に触《ふ》れることに、その都度同意が必要なのでしょうか。私は「同意が必須《ひっす》ではないこともある」と考えます。

例えば落ちこんでいるときにそっと抱きしめたり、手をにぎったり、寒いときにあたためあったり、なんとなく身体をよせあったり、あるいは「雰囲気《ふんいき》で」キスをしたり……。そういうスキンシップに同意を必要としなくなるためには、**互《たが》いに理解を深めあうというプロセスを経る必要**があります。このプロセスを大切にすることが、恋愛だと思うのです。

お互いにされて嫌なこと、怖《こわ》いこと、コンディションが変化するサイン、されても平気なこと、心地よい距離感、それらを言葉にして伝えあい、理解しあい、かつ「ダメなときはNOと言える」「NOを守ってくれる」関係が築けて、はじめて「突然のドキドキ」が安全なものになります。つまり、お互いの間のバウンダリーがちゃんと守られることが必要なのです。そこまで関係が深まっていれば、壁ドンだろうがあごクイだろうがあすなろ抱きだろうがおふたりのお好きにどうぞ。どんどんやって、たくさんときめいてください。

ただ、そういった関係を深め、育てていくには時間がかかります。「同意を得る」「強引な不意打ちをしない」という関係を長く続けていって、初めて「突然のドキドキOK」のステージに移行できるのです。

●マンガはマンガ　現実とは別

ですが少女マンガやドラマでは、例えば壁ドンしながら「俺のことどう思ってんの?」と迫るように、まだ関係が浅い、付き合ってすらいないシチュエーションでの不意打ちスキンシップが多いようです。私はこのシチュエーション設定に大きな問題があると考えます。たかがフィクション、創作じゃないかと言われるかもしれません。でも「壁ドン」は現実で流行してフィクション作品に描《えが》かれるようになったのではなく、マンガやドラマの素材になって、そこから一般的に認知されるようになったものです(雑誌「cancam」が20代女性に行ったアンケート結果によると、全体の25%以上の女性が壁ドンを経験したことがあると回答しています)。

私が中学生のとき、教室の中である男子が女子に対して突然「壁ドン」をしました。前後の状況《じょうきょう》は覚えていませんが、仲の良い友だち同士でからかいあっていた延長だったかと思います。それを見ていた周りは「マンガみたい」「ドラマじゃん」とざわつきました。私も「うわ、リアルでやる人いるんだ。引くわ…」となったのを覚えています。つまり「マンガみたい」であり「ドラマじゃん」なんです。

当時はスマホどころかガラケーもない、ポケベル時代の入り口、平成の初期ですから、「壁ドン」が流行語大賞にランクインした2014年よりずっと前のことです。「壁ドン」という言葉はまだ普及《ふきゅう》していませんでしたが、その動作が「マンガ」や「ドラマ」ではすでにおなじみだったということです。

●テンプレに惑《まど》わされないで

私たちはフィクションから影響を受けます。創作者が現実での経験にもとづいて生み出したものがフィクションですが、そのコンテンツを広めたい誰か、広める力のある誰かの手によって宣伝《せんでん》され、流行します。

「女の子はちょっと強引な（かっこいい）男の子が好き」というストーリーを女性のマンガ家が創作したとして、それは本当に女の子の願望を描いている「だけ」でしょうか？そういったマンガが生まれるずっと前から、例えば眠《ねむ》っている女性に勝手にキスをして（現代の価値観では完全にセクハラです）めでたしめでたしな「白雪姫」や「眠り姫」などの物語がありました。女の子は王子様に見つけてもらうのを待つだけ、たとえ女の子が同意しなくても王子様のキスでハッピーエンド確定、黙《だま》って王子様に選ばれるのが女の子の幸せ。そんなテンプレはまだ女性が、特に若い女の子が自分の意見を表明する力や機会をもたない時代に作られたものです。女性は選ばれる側、男性は選ぶ側、そういったテンプレは「選ぶ側」でありつづけたい男性にとって都合が良いものです。

「壁ドンってよくない？」という何気ないひと言ですが、そのひと言を掘《ほ》り下げていくと、「女の子はちょっと強引な男の子が好き」というテンプレで得をしてきた人たち、そういうテンプレを女の子自身が信じることで守られてきた、誰かにとって都合のよい価値観が発掘《はっくつ》されるかもしれません。

●「強引な男子が好き」はキケン

ただ、私は女の子が「ちょっと強引な（素敵な）男子」にあこがれてもかまわないと思います。あこがれはファンタジーから生まれるものですから。ですが**男の子が「女の子はちょっと強引な男子が好き」というファンタジーをうのみにすると、いずれ相手を加害することになるので注意が必要です。**

私が仕事で出会う女子中高生たちのなかにも「ドS男子好き」という子がいます。そういう子たちに必ず伝えているのは「**あなたがドS男子が好きなのはかまわない。でもあなたに対してドSにふるまう人がいたらそれはただのヤバいモラハラ男です**」ということです。

「イケオジ好き」という女の子には「あなたが年上のおじさんを好きなのはかまわない。でもそんなあなたを恋愛対象にするおじさんはロリ（ロリータコンプレックス。少女への嗜好《しこう》）やペド（ペドフィリア。小児性愛）だからすぐ離れましょう」と伝えます。

●ときめきはバウンダリーを引いてから

バウンダリーは、関係を結ぶ人同士が互いに守りあって築かれていきます。しかしながら、この世のあらゆる関係は決してイコールではありません。親と子、教師と生徒、上司と部下といったあきらかな上下関係でなくても、例えば友だち同士でも家の経済力や成績、スポーツが得意かどうか、大人になれば仕事や収入や社会的地位などで、お互いに与え合う影響力《えいきょうりょく》にほんのわずかでも差が生じます。

相手に与える影響力が大きい側が無意識にでもバウンダリーを踏みこえると、相手に苦しみを与えることになってしまうのです。

バウンダリーは、立場の弱い側が自分を守るために必要な防具です。同時に強者の側

が相手を傷つけないために調節し、線を引きつづけていく必要があります。相手に与える影響力が強い側がその力を自覚して、バウンダリーを引くことで、関係はイコールに近づくのです。

そして異性間の**恋愛では、男性の側に力が偏《かたよ》りがち**です。体格差は大きな要因ですし、性的な関係に進むと女性は妊娠《にんしん》の可能性というリスクを抱えます。恋愛が原因で生じるダメージは、女性の側がより多く引き受けているのです。

絶対に自分を傷つけない相手は、壁ドンも頭ポンポンもあごクイもあすなろ抱きも、簡単にはしてきません。

くり返しますが、**「されても大丈夫な相手は簡単にしてこない人」**です。

身体に不用意に接近しない、同意なく触れない、そういった線引きのプロセスをすっとばして「絶対に自分を（パートナーを）傷つけない安全な相手」にはなれません。男の子も女の子も、たとえ同性同士の友情関係であっても、そのプロセスをサボってしまうとただの加害になります。

女の子は「強引な男子」が好きなのではありません。好きなのは「絶対に自分を傷つけない、大切にしてくれる人から、想定外のときめきをもらうこと」です。そしてそれは、男の子も同じです。勘違《かんちが》いしないようにしましょう。

●その人との関係はイコールですか？

さて、私は先ほど、同意をとるというプロセスを経て理解が深まっている間柄であれば壁ドンでもなんでもご自由に、と書きました。ですがひとつだけ、慎重《しんちょう》に考えてほしいことがあります。

ワコちゃんをはじめ、壁ドンにあこがれる女の子におたずねします。あなたは好きな男の子や彼氏に壁ドンできますか？　したいと思いますか？　相手はされたいと思っていますか？　もし「自分はできない、したくない」「相手はされたいはずがない」のであれば、それはなぜでしょうか？　なぜ女の子ばかりが「強引に迫られてうれしい」という設定なのでしょうか。

好きな人との間にその設定を維持《いじ》しつづけていると、いずれ関係はあなたにとって苦しいものになると思います。あなたと好きな人との関係は、あなた自身のなかで、すでにイコールではないということですから。

この本を読んでいる大人のみなさんへ

私は今年45歳になり、おそらくこの本を読んでいるみなさんと同じか、あるいは少し上の世代だと思います。あすなろ抱き、懐かしいですよね。あすなろ抱きって『あすなろ白書』のキムタクのあれだよね？　『あすなろ白書』って何年のドラマだったかな？と原稿を書きながらググってみたところ、「女性が喜ぶあすなろ抱きの方法」「女子に人気の抱きしめ方」などがぞろぞろと出てきてチベットスナギツネのようなドン引き顔になりました。

フィクションをフィクションとして楽しむ、現実に持ちこまない。それだけのことを私たち大人がちゃんとできていれば、そういった記事が検索結果の上位に表示されることはないはずです。

あすなろ抱きも壁ドンも、だいぶ古い歴史があります。私たちが若かった、あるいはまだ子どもだった年代、今以上にセクハラに甘く性的同意なんて言葉を耳にしたことはなかった、そんな時代の遺物です。本来ならただの記録としてどこかの資料室に保存されているだけでいいはずです。ですが、なぜそれが令和になっても現役なのでしょうか。ずっと現役にしておきたかった人がいるからです。

それは誰でしょうか。私たち大人です。私たち大人が「若い女の子に壁ドンしたい」「素敵な男性にあすなろ抱きされたい」という願望をアップデートできておらず、そのコンテンツをさまざまなフィクションに反映させています。

私は動画配信のサブスクで海外ドラマを好んで観ます。そしてSNSで国内外の若い人たち、Z世代やα世代と呼ばれる人たちの文化や政治に対する発信を追うようにしています。ドラマや映画視聴はただの趣味ですがSNSを追うのは子ども・若者に関わる私自身の価値観を停滞させないためです。性的同意はデフォルト、ジェンダーロールはどんどん解体しよう、セクシュアリティは多様なのが自然、ファッションもメイクも誰かにほめられるためじゃなくて自分が楽しむのがいちばん、長時間労働やパワハラは人権侵害でノーサンキュー、それが欧米の若者たちに共有されている価値観のようです。

日本はどうでしょうか。ユキちゃんのように「壁ドンキモい」と令和モードに価値観をアップデートできた子たちが自分は「少数派なのかな」と肩身を狭くし、大人が「キュンキュンする」「ただしイケメンに限る」などと言って変化の足を引っ張っています。まだまだです。

もちろん私の知る海外の事例はドラマや映画、本、そしてSNSで積極的に発信できる人たちに限りますが、それでもどんな世の中を目指しているのかは理解できます。日本との違いを「文化が違うから」などと擁護するつもりはありません。壁ドンもあすなろ抱きも、フィクションという枠を超えて実行されていて、どちらも暴力です。

中高生たちに向けて解説したように、壁ドン等が暴力でなくなるのは超限定的な相手に限った例外的事例にすぎません。そしてその例外的事例にも、関係性の不均衡が温存されているというリスクが残っています。文化云々ではなく人権の問題ですし、人権を侵害するような文化は「昔々そういう文化がありました」と記録するだけで充分です。壁ドンにキュンキュンした時代があっても、あすなろ抱きにあこがれた時代があっても、男の子がちょっと強引に女の子に迫るのがかっこいいし好まれるとされた時代があっても、過去のことです。現役は引退させましょう。

女の子は強引に迫られるのがうれしい、「いやよいやよも好きのうち」と今でも信じているかつて男の子だったみなさん。もうみなさんはいい歳の大人です。強引にでも強引にでなくても、若い女の子にアプローチすれば応じてもらえるというのはファンタジーです。**もし応じてもらえたとしたら、その女の子との間に年齢差や立場の差という不均衡があって相手を「応じさせている」かもしれないと疑ってください。**年齢差や立場の差という強弱、そして体格差のある相手からのアプローチは、たとえ「壁ドン」しなくても、恐怖です。

もちろんこれは年上の女性と若い男の子でも同じことです。**NOと言いづらい関係性を(無自覚にでも)悪用したアプローチは、性別関係なくハラスメントです。**ですがバウンダリーをちゃんと引けば、相手にとって安全な存在となり、信頼と尊敬が得られる可能性があります。努力するならそっちにしませんか。

かっこいい男の子から強引に迫られたい、なんて今でも「妄想」しちゃうかつて女の子だったみなさん。空想（妄想）に害はないように思えるでしょうが、あなたの周りの女の子たちが「壁ドンってよくない？」と言ったら「わかるわかる！」なんてやらかさないようにしましょう。むしろ昭和～平成の空想が令和の女の子たちに受け継がれてしまっていることに危機感を持ってください。

そしてその空想、実はあなた自身を苦しめているかもしれません。壁ドンされる側は、弱い立場です。大切にされていない、振り回されている側です。**相手がイケメンだろうがなんだろうが、大切にされない立場に自分を置いている場面を空想し続けると、誰かと対等な関係性を築き、自分がちゃんと尊重され満たされる可能性を閉ざすことになりかねません。**

私たち自身の幸せのためにも、アップデートしましょう。

高校2年生　リノちゃんの話

NOと言ってしまった。彼を傷つけたかな？

ヨリくんとは付き合って3ヶ月になる。ヨリくんはすごく優しくて、話をしているると楽しいし、これからもずっと一緒にいたいって思ってる。思っているんだけど……、今、すごく気まずいことになってしまった。

先週末、ヨリくんの家で一緒に夏休みの宿題をしようと誘《さそ》われた。ヨリくんが「親が留守だから…」とちょっと恥ずかしそうに言ったとき、私は「あ、そういうことになるのかな」と想像したし、「好きだし、そうなってもいいか」と思った。すごく正直にいうと、そろそろかな？とも思っていた。

でも当日、私は、思ってもみない行動に出てしまった。
ヨリくんの部屋で一緒に過ごして、徐々《じょじょ》にそういう雰囲気《ふんいき》になって、ヨリくんが覆《おお》いかぶさってきたとき、私は急にヨリくんが全然知らない男の人のように思えた。私にかかるヨリくんの体の大きさや重さに、恐怖《きょうふ》を感じた。でもヨリくんは私のえり元のボタンを外すのに必死で、私の顔を見ていない。

無理。これ以上は無理。

と思ったけど、「いや、こうなることはわかってたんでしょ？」「ここでストップはさすがにナシじゃない？」という心の声も聞こえてくる。

断ったら、ヨリくん傷つくかな。
でも、怖《こわ》い。
断ったら、空気が悪くなるかな。
でも、怖い。
断ったら、嫌われてしまうかな。
でも、やっぱり、どうしても怖い。

気づいたときには、「ごめん、無理かも！」と叫《さけ》んで、ヨリくんを突《つ》き飛ばしてしまっていた。

ヨリくんは「え？」と拍子抜《ひょうしぬ》けしたような声を出した。驚《おどろ》いたような、怒《おこ》ったような、泣いたような、初めて見る表情だった。


「本当にごめん、また……、またね」

と言って、私はあわてて荷物をまとめて部屋から飛び出した。

外に出たら、極度の緊張《きんちょう》から解放されたのか、心からほっとして、その場に座りこみそうになった。マンションのエレベーターの中で服が乱れていないかチェックして、商店街を歩いていると、涙《なみだ》がポロポロ出てきた。何の涙なのか、自分でもよくわからなかった。


家に帰ってから、ヨリくんに「今日はごめんね。また今度ね」とLINEを送ると、既読《きどく》にはなったけれど、返信はなかった。

それから1週間経ってもヨリくんから返信がなくて、夏休みだから学校でも会えないし、ヨリくんの考えていることがわからなかった。だから、10日ぶりに連絡《れんらく》が取れて、駅前のカフェで会うことになったとき、ヨリくんに「俺《おれ》たち、いったん別れない？」と言われてびっくりした。

「え。どうして？」

と私が言う。

「いや、どうしてっていうか……」

とヨリくんが言う。

「こないだ、あんなことしちゃったから？」

と私が言うと、ヨリくんはうつむいてしまった。

「この前は本当にごめんね。でも、私、ヨリくんのことが本当に好きだよ」

「俺は、あのとき……自分が全部否定されたみたいな気がして」

「否定してないよ。何も否定してない。でも、ただ、あれ以上、進めるのが怖くなってしまって。ごめん」

「頭ではわかってるけど、ちょっと、やっぱり、なんていうか…。こっちこそごめん」

ヨリくんは何に対して「ごめん」と言っているんだろう。そもそもあの日、私にそういうことをしようとしたことに対する「ごめん」？　私が無理になっちゃったのを「オッケー、じゃあまた次回！」みたいに受け入れなくて「ごめん」？　それとも、もう付き合えないことへの「ごめん」？「頭ではわかってるけど」って、じゃあどの辺でわかってないっていうの？

はっきりしないヨリくんに腹が立ったけれど、あんまりつらそうにしている様子を見ているうちに、だんだんと罪悪感《ざいあくかん》が湧《わ》いてきた。私はヨリくんの中にある何かを傷つけてしまったのではないだろうか。私、ひどいことをしてしまったのかも。そう思うと止まらない。

私が悪かったのかな。部屋に行ったのが悪かったのかな。途中《とちゅう》で拒否《きょひ》してしまった自分が悪かったのかな。

ヨリくんのことが好きという気持ちと、そういうことになってもいいという気持ちと、いざそうなったときに抱《いだ》いた「怖い」という気持ち。**ぜんぶ本当の気持ちだって、どうしたらヨリくんにわかってもらえるんだろう。**

POINT

★リノちゃんは、なぜヨリくんを怖《こわ》いと思ったんだろう？

★ヨリくんはどうして
「いったん別れない？」と言ったんだろう？

★リノちゃんの抱《いだ》いた「罪悪感《ざいあくかん》」とは、
なんだったんだろう？

★ヨリくんは、どうしたらリノちゃんの気持ちを
理解できるかな？

★二人はこれからどういう話し合いをすれば良いかな？

あなたにとっての「心地よさ」を見つけよう

●「やっぱり食べたくない」という気持ち

友だちに誘《さそ》われて食事会に出かけたとします。今まで一度も食べたことのない料理がメニューにありました。すでに食べたことのある人たちのなかには、おいしかったという人もおいしくなかったという人も、思ってたのと違《ちが》う味だったという人もいます。でも、ほとんどの人が「一度は食べてみたほうがいい」と言います。「みんな食べてるし」「いずれは食べることになるから」と、料理をすすめてきます。そんなものかな？と思って、すすめられるままに食べてみることにしました。でもひと口食べてみたら、好きな味ではありませんでした。むしろ苦手です。「ごめん、やっぱり好きじゃない」と言ってお皿を下げてもらうことにしました。

そんなシーンを想像してみてください。苦手な味だったから、やっぱり食べたくない。そういう人を誰《だれ》が責められるでしょうか？

もし無理に料理を口に入れて食べさせようとしたら、それはいじめです。「こいつノリ悪いから次の食事会に誘わないでおこう」と言ったら、それもいじめるですよね。ましてや「そもそも食事会に行かなければよかったのに」などと責めるのは筋違いです。でも「せっかく作ってくれたのに」「せっかく注文したのに」と言われると、なんだかとても申し訳ない気持ちになってしまうかもしれません。

●セックスには同意していなかった

リノちゃんの身に起きたことを食事会にたとえると、リノちゃんが「無理」と言ったのは決して悪くないことが理解できるかと思います。ほとんどの人が、食べさせようとする側、食べられないことに対して申し訳なさを感じさせている側、一度のNOでもう食事会に誘わないと言う側に問題があると感じるでしょう。

ですが、これが性的なスキンシップになると、なぜか「NO」と言ったほうが責められる傾向《けいこう》にあります。部屋に行ったのが悪い、二人きりになったのが悪い、途中《とちゅう》で無理と言うなんてひどい、などと責められます。部屋に行ったら同意、二人きりになったら同意、一度始めたら同意。そう都合よく解釈《かいしゃく》する人が多い証拠《しょうこ》です。ですが、それは間違いです。**部屋に行くのは「部屋に行く」ことに同意したに過ぎず、セックスすること**

への同意ではありません。二人きりになるのは「二人きりになる」ことについての同意、それ以上の意味はありません。

●途中《とちゅう》で「待った」をかけていい

一度始めたら（最後まですることへの）同意だというのも違います。また料理を例に出しますが、途中で胃《い》もたれしたり出された量が想定より多くて食べきれないときは「今日はここまで」とストップしていいはずですよね。もちろん最初に自分の気分や体調をしっかりモニタリングして、食べられるだけの量を注文することも大切です。

ですが食べたくないのに周りが勝手に注文したり、事前に自分が食べたい量をリクエストさせてもらえなかったり、少なめをリクエストしたのに大盛りが出てきたり、「せっかく作ったのに」と罪悪感《ざいあくかん》を抱《いだ》かせて無理に食べさせようとしたり……。性的なスキンシップではこのようなことがよく起こります。

●性的なスキンシップは絶対ではない

リノちゃんの「そろそろかな？」という予感。その予感はどこからきたものでしょうか？　リノちゃんのまわりには、ある程度の期間付き合えばセックスするのは当然だ、という意見がたくさんあるのだと思います。料理のたとえで書いた「みんな食べてるし」「いずれは食べることになるから」ですね。でもそれって、誰が決めたのでしょう。「みんな」って、本当に「みんな」なのでしょうか？

お互《たが》いに好き同士が付き合って、時が経つにつれてスキンシップが深まって、キスをして、そしてその先へ。そういった流れは、確かに多数派ではあります。でも最近になって（ようやく）、多数派以外のさまざまな関係性を心地よいと感じる人がいること、実は多数派だとされてきた「交際に性的関係はマスト」という価値観が決して「ノーマル」ではないこと、その価値観が「ノーマル」だとされることで苦しい思いをしてきた人がいることが明らかになってきました。「一度は食べてみたほうがいい」というおすすめが、根拠《こんきょ》のない押しつけだったということです。

●あなたにとっての心地よさとは？

性的なスキンシップをしんどい、嫌だなと感じるのは自然なことです。もちろん、それを「したい」と欲することも自然です。性的なスキンシップがなくても、相手とおだやかな時間を共にするだけで充実する人もいます。心地よい性的なスキンシップの中身もさまざまで、必ずしも「最後までする」が到達点ではありません。その手前が心地よい人もいます。とても多様なんです。ノーマル、ふつう、一般的、そんなの存在しません。

リノちゃんには、リノちゃんにとっての心地よさがあります。他者との関係のなかでそれが少しずつ明らかになっていくはずです。「あれ、私はこれが嫌なんだ」「こうされるとうれしいんだ」の発見が続いていくでしょう。**大切なのは自分自身の感覚で、決して「みんな」がどうこうではありません。**加えて、自分自身の感覚も変化します。

そしてヨリくんにもヨリくんの心地よさがあります。今回の出来事は、リノちゃんの最適とヨリくんの最適がズレてしまったから生じたエラーのように見えます。であれば、話し合いでお互いの「落とし所」を探したいところですが、果たしてただの「ズレ」だと言ってしまって良いのでしょうか？

●彼と彼女が対等な立場であること

リノちゃんは、ヨリくんが覆《おお》いかぶさってきたことに恐怖《きょうふ》を感じました。そして、たぶん、その先で起きることへのある程度の知識もあったかと思います。女の子にとってセックスは、相手の身体の一部が自分の身体の中に入る、侵入《しんにゅう》的で痛《いた》みもともなう行《こう》為《い》です。怖くないはずがありません。お互い避妊《ひにん》を万全にしていなければ、妊娠《にんしん》のリスクもあります。怖くて当たり前、途中で「やっぱ無理」となって当たり前なんです。

対してヨリくんは、「したかったことができなかった」だけです。あえて言いますが、それだけです。**恐怖から逃《のが》れることと、自分の欲求が果たせなかったことへの不満、これは決してイコールではありません。恐怖を感じる側、行為によるリスクを抱える側にとって安全な境界線が最優先されなければならないんです。それがバウンダリーを守るということです。**

ですので、この件を「話し合い」でなんとかしようとするのは危険です。**話し合いは対等な立場で行われるものです。**抱えるリスクや感じる恐怖に差異《さい》がある不均衡《ふきんこう》な関係で「話し合い」は成立しません。話し合いはリノちゃんに妥協《だきょう》や我慢《がまん》を強いる可能性があります。**ヨリくんがリノちゃんの恐怖を理解し、意思を尊重し、今の時点での安全なスキンシップのレベルにとどまること。つまりヨリくんがリノちゃんにとって安全なバウンダリーを守ること、それ以外に道はありません。**

●「したい」気持ちはコントロールできる

ヨリくんがバウンダリーを守る選択《せんたく》ができなかった理由はふたつあります。ひとつは、「男性の性欲は我慢できない」という思いこみ。もうひとつは、NOと言われたことで自分自身が否定されたと感じてしまったことです。

「男性の性欲は食欲や睡眠欲《すいみんよく》と同じ」「我慢できないし我慢したら身体によくない」という神話は広く信じられています。ですがこれは、男性にとって都合のよいフィクションです。性欲は、睡眠や食事という生命維持《いじ》にかかわるような欲求とは違います。たとえ男性にとって性欲が「我慢するのがしんどくてしんどくてたまらない」ものでも、空腹に耐《た》えきれずコンビニでお金を払《はら》わずおにぎりを食べてしまったら犯罪《はんざい》になるように、**欲求の先にある行動はコントロールしなければならないし、できるはずなんです。**

このフィクションは他ならない男の子自身を苦しめます。性的な興味関心が薄《うす》い、あるいはない男の子たちを「お前は異常だ」と糾弾《きゅうだん》し、肩身《かたみ》のせまい思いをさせてしまうのです。また、「男性の性欲は我慢できるものではない」というフィクションを肯定《こうてい》してしまうと、「だから相手は嫌でも応じなくてはならない」となってしまいます。

ヨリくんにとって自分の「したい」は、リノちゃんというパートナーを犠牲《ぎせい》にしてまで実現させたい、させなければならないほど強い欲求でしょうか？　もしそう思ってしまうなら、このフィクションの呪《のろ》いにかかってしまっているのかもしれません。

●行動がＮＯでも、あなたはだめじゃない

ヨリくんはリノちゃんから「無理」と言われて傷ついたようですが、リノちゃんの「無理」はヨリくんが「覆いかぶさってきたこと」への拒絶《きょぜつ》です。**ヨリくん自身が否定され、拒絶されたわけではありません。拒絶されたのはヨリくんの行動です。**

行動へのＮＯが人格（自分の存在そのもの）へのＮＯに変換《へんかん》されてしまう原因はさまざまで、ほとんどが幼いころから行動ではなく人格を否定されるような「叱《しか》られ方」をしてきたことに由来します。

例えば、宿題を忘れてしまったときに「宿題を忘れないように」という指摘で終わらず、「お前はバカだな」「だめなヤツだ」などと自分そのものを否定されるといった経験を積み重ねてしまったからです。**「これ（行動）をやめて」ではなく「あなたがダメ」というメッセージを受けつづけると、相手からの行動に対する拒絶を自分という存在そのものが拒絶されたように受けとってしまいます。**ヨリくんは、もしかしたらそういう状《じょう》態《たい》だったのかもしれません。

だから「別れる」というカウンター的な反応に出たのではないかと思います。でもそれはヨリくんの中の傷つきであって、リノちゃんは関係ありません。リノちゃんの「否定してないよ」という言葉を、そのまま受け入れていいんです。信じていいんです。

●相手の「今日は無理」を受け入れよう

「始めること」への同意は、「続けること」への同意ではありません。途中で「続けたくないな」と思ったら、その時点でストップできるのが安全な関係性だと言えます。

そして、たとえ初めて食べる料理ではなく、食べ慣れたものであっても、体調や気分次第で「食べたくない」ということもあるでしょう。そういうときも「ごめん、今日はそういう気分や体調じゃない」と言えるのが安全で信頼できる関係です。何度も性的な関係を築いた相手であっても、お互いに「今日は無理」なときがあります。相手のNOを尊重《そんちょう》することが、自分が相手から大切にされるための条件です。

YESとNOがぶつかってしまったとき、どちらを優先するかは関係性や状況《じょうきょう》次第ではあります。ですが相手のNOを無視して自分のYESを押し通したいという欲求が生じたら、それは恋愛や友情ではなく、ただの「支配欲」と言えるのではないでしょうか。

●自分を見つめることから

最後に、リノちゃん。ちゃんとNOと言えた自分をほめて誇《ほこ》ってください。**自分をきちんと守る力は、誰かを不機嫌にさせたりがっかりさせたりしても、何よりも価値のあ**

るものです。

そしてヨリくん。リノちゃんが「無理かも」と言ったとき、びっくりしたかもしれませんが、無理やり引き止めたり帰ろうとする道をふさいだりしなくてよかったと思います。

それをしていたら、たとえ性的な関係に進んでも、リノちゃんを深く傷つけ、ふたりの関係はお互いに望んでいる形にはならなかったはずです。なぜ自分がリノちゃんを遠ざけようとしているのか、いま一度深く探ってみてください。「セックスできないこと」でダメージを受けているのは、「セックスしたい・するのが男子のノーマルだ」という（誰かが作り出した）イメージ、言いかえれば「セックスできないこと」へのネガティブなイメージにとらわれているからという可能性はないでしょうか。

自分は何にとらわれていて、何にこだわっているのか、自分を見つめなおすことができるのであれば、ふたりの関係はまた築きなおすことができるはずです。

ヨリくんがそこから逃げるのであれば、リノちゃんの側から関係を続けるための努力や妥協《だきょう》をする責任は一切ありません。

この本を読んでいる大人のみなさんへ

もしご自分のお子さんや教え子さんが、リノちゃんやヨリくんのような体験をして、それを打ち明けてくれたら。彼らにどんな言葉をかけますか？

リノちゃんだったらどうでしょう。怖かったね、びっくりしたね、そう労わるかもしれません。そこで終わりにならず、もしかしたら「部屋に行くのが悪いんだよ」「男の子は狼だから自衛しなきゃ」などと言ってしまうかもしれません。それは子どもを傷つけ、追いつめる、二次加害です。自分を守ってくれるはずの立場にある大人から二次加害されるほどつらいことはありません。

そもそも「部屋に行く」のは「部屋に行く」ことへの同意にすぎません。「その先で何をされてもいい」と言う念書を書いたわけではありません。

もちろん自衛は大切です。私にも18歳の子どもがいます。この原稿を書いている翌月には大学に進学し、寮生活が始まる予定です。夜一人で歩かない、男性とふたりきりにならない、イヤホンをしたまま歩かない、男性に道を尋ねられても応じず警察を呼ぶ、お酒が飲める年齢になっても男性がいる場では飲まない、飲み会では席を立ったらグラスを交換する、飲ませようとする人がいたら応じず退席する、交際相手ができても嫌なことにはNOと言う、NOを聞かない相手からは速やかに離れる、必ず「お互いに」避娠する……今からそういった「自衛」を教えています。

ですが、この自衛教育には「本来なら加害する側への加害予防措置が必要だけれどまだそれが充分でないからやむを得ず」という前提があります。本当なら、自衛なんてしなくて済む世の中が健全だと思うのです。

現状で自衛は必要、でもそれは「加害者がいるからやむを得ず」なので、自衛が充分でなかったからといってそのことを責められる謂《いわ》れはありません。本当に必要なのは加害者を産まない教育です。

ですがこの加害予防教育は、被害予防の啓発にずいぶん遅れをとっているように思います。リノちゃんに対して「部屋に行くのが悪い」と言う人は山ほどいても、ヨリくんに対して「親の留守中に部屋でふたりきりになったことをＹＥＳだと思うな」と言える大人はまだまだ少ないようです。

そして「ＮＯと言う」だけでは、望まない性行為や性被害を防ぐことはできません。「いやよいやよも好きのうち」なんて言葉もありますし、「恥ずかしがるのはプレイの一部」などと勘違いしている人もいるくらいです。「ＮＯ」と言っても信じてもらえないのに自衛を要求するのは、むちゃではないでしょうか。

他にも、従順な女の子のほうがかわいい、いい雰囲気になったらそれを「ＮＯ」で壊すのは無粋だなどという、性加害者にとって都合のよい価値観がはびこっていて、

「NO」の口を塞ぎにかかっています。**自衛を邪魔しながら、自衛しろと要求する。身勝手すぎないでしょうか。**

加害しないための教育は、男女問わず必要です。**女の子であっても男の子であっても、誰かの身体に許可なく触れることはNGで、最初はYESでもNOと言われたらそのときすぐにやめなければなりません。NOにはNO以外の意味はなく、NOと言えない場合もあります。**お子さんの性差に関わらず、そう教えることはとても重要です。

NO MEANS NO!　そしてYES以外はすべてNO。

セクハラ全盛期に生まれた私たち大人は「性的同意」というワードにピンとこなくて、なぜなのかを上手に説明できないかもしれません。ですが私たちの理解は後回しでかまいません。大人の固い頭が柔らかくなるまで何も言わずにいたら、子どもたちが傷つきつづけることになります。

まずは子どもたちに対して「NO MEANS NOであり、YES以外はぜんぶNO」と伝えましょう。

自分がわかっていないということ、間違っているということさえ理解できていれば、とりあえず子どもたちが加害者にも被害者にもならない選択を邪魔せずに済むはずです。

高校2年生　メイちゃんの話

「愛しているから」だと思っていました

ヤマくんは最高の彼氏だと思っていました。私は世界一愛されていると思っていました。ていうか、今も思っています。……というか、思いたいです。

大学生のヤマくんと知り合ったのは2ヶ月ほど前で、ヤマくんからたくさんたくさん好きだと言われて、根負けするような気持ちで付き合いはじめました。

ヤマくんは、顔がかわいいとか、髪《かみ》がきれいだねとか、服が女の子らしくていいねとか、いつも私のことをすごくほめてくれます。朝から晩までLINEしてくれて、どこにでも迎《むか》えにきてくれるし、どこへ行くときも送ってくれます。いつからか、休みの日はヤマくんのひとり暮らしの部屋で過ごすのが当たり前になっていきました。私は家に対してずっと居心地の悪さを感じていたから、ヤマくんの部屋が新しい自分の居場所のような気がして、その状況《じょうきょう》がすごくうれしかったんです。

ヤマくんはいつも私のスマホを自分のスマホのように手に取ります。そしてカメラロールの写真を勝手にスクロールし、一枚一枚確認しながら「これ誰《だれ》?」「ここどこ?」ときいてきます。後ろめたいことは何もしてないけど、うまく答えられなかったらヤマくんを不安にさせてしまうから、学校の男の子が写っている写真なんかは撮《と》ったその場で削除《さくじょ》するようになりました。私のスマホはヤマくんのスマホで、私の時間はヤマくんの時間でした。一日中一緒にいると、私とヤマくんを分つものがどんどん溶《と》けてなくなって、一つになっているような気がしました。

ヤマくんは寂《さび》しがり屋なところがあって、私が一緒にいないと不機嫌になります。なるべく会う時間を作るために部活もやめてほしいと言われて、私は退部しました。引き止めてくれる友達は何人もいたし、絵を描くのは好きだったから寂しかったけど、**「俺《おれ》とメイのためだよ」と言われると、断れませんでした。**

ある日の放課後、私は美術部員のミミから「ちょっと話そうよ」と誘《さそ》われて、ファミレスで待ち合わせをしました。ヤマくんがバイトの日でよかった、と私は思いました。

ドリンクバーから帰ってきて席に着くなり、「ミミと駅前のサイゼでお茶してるよ」とヤマくんにLINEを打つ私を見て、ミミの顔がゆがみました。明らかに、ドン引きしています。

「え、まさか、彼氏に、誰とどこで何してるとか、いちいち全部報告してんの？」

「まぁ、そうだけど……」

「相手、暇《ひま》なの？　大学生なんでしょ？」

「うん。でも、不安になるみたいで」

「はぁ？」

「会ってないときに、何してるか知っておきたいんだって」

「はぁぁ？」

ミミは深呼吸をしてから、はっきり、

「メイの彼、めちゃくちゃヤバくない？」
と告げました。

私はとっさに、ミミにヤマくんのことを誤解されたら嫌だな、と思いました。弁明しなきゃとしどろもどろになっていると、LINEの通知音が鳴りました。ヤマくんからでした。その様子を見て、またミミが、

「メイ、満たされてて幸せなら、なんで今、ビクッとしたの。**私はマジで、その人はヤバいと思う。DVレベルだと思う**」

と言いました。

DV、という突然《とつぜん》のワードに私はうろたえました。

だってDVって、女が男からなぐられて顔にあざ作ってたり、彼が酒飲んで叫《さけ》んでガラスがバリーンと割れて……とか、そういうやつでしょ？

「えっと、私、ヤマくんになぐられたこととか一度もないよ？　いつも優しいし……どなるとかもないし……」

と言ったところで、もうひとりの私の、「本当に？」という声が頭の中に響

きます。

二人のときは幼い子どもみたいに甘えるのに、人前では別人みたいにいばるヤマくん。「俺がいるから友達とかいらないでしょ」と言うヤマくん。「メイがいないと俺はダメだから」と泣くヤマくん。

もしも、こういうのひとつひとつが、「ヤバい」ことなんだとしたら……。心に引っかかっていたいろんなこと、ミミに話してしまおうか。

いや、やっぱり、そんなことない。**全部、ヤマくんの言うとおり「私のためなんだろうし。「愛してるから」なんだろうし…。**

でも、だとしたら、ヤマくんのとなりにいるときの緊張《きんちょう》感はなんなんだろう。今、ヤマくんがいないときのこの解放感、そして目の前のミミに泣きつきたくなるようなこの気持ちはなんなんだろう。

頭の中をいろんな思いがぐるぐる回ります。コーラの氷はとっくに溶けています。

ミミは心から心配そうに、私のことをまっすぐに見つめています。

POINT

✶ヤマくんの行動は、
恋人に対してすることとして、どうかな？

✶ミミちゃんが「ヤバい」と言っているのは、どういう点？

✶メイちゃんはヤマくんと距離《きょり》を取るべき？
付き合いを続けるべき？
ヤマくんに何を伝えたらいいのかな？

✶恋人に対してヤマくんのような態度を
とらないためには、何を心がけたらいいんだろう？

✶ミミちゃんのように、
友人の様子がおかしいと気づいたら、
どうしたらいい？

愛だけどDV？ 愛だからDV！

●異常だとわかっているけど…

メイちゃんのエピソードを読んで、メイちゃんはすでにいろんなことを「わかって」いるのだと思いました。

メイちゃんがヤマくんと付き合いはじめたのは、ヤマくんの好き好き攻撃《こうげき》に「根負けする」ような気持ちだったとわかっています。

そして家に対して居心地の悪さを感じていたとも言っていますね。この「居心地の悪さ」がどういったものかはわかりませんが、家に居場所がないため、ひとり暮らしをしているヤマくんの部屋が逃《に》げ場になっていたようです。一緒にいないだけでヤマくんが「不機嫌になる」こともわかっていますし、男の子が写ってる写真を見たらヤマくんが怒《おこ》ったり不機嫌になるかもしれないこと、ヤマくんに質問されると緊張《きんちょう》してしまうこと、部活をやめることが寂《さび》しかったけれど何も言えなかったこと、ヤマくんと離れると解放されたように感じること。ぜんぶ気づいて、わかっています。ヤマくんが「激ヤバ」だとわかってるんです。

わかってるけど、認められない、認めたくない、考えられない、考えたくない。それが今のメイちゃんの状態《じょうたい》ではないでしょうか。

●わたしと彼は一つになっている？

考えられない、認めたくないというより、「考える力が奪《うば》われてしまっている」が正確かもしれません。それをメイちゃんはとても的確な言葉であらわしています。「私とヤマくんを分つものがどんどん溶《と》けてなくなって、一つになっているような気がした」。自分のバウンダリーがヤマくんによって侵害《しんがい》され、「わたしはわたし」の軸《じく》がゆらいでいることを、メイちゃんはちゃんと感じることができています。わかってる。気づいてる。

でも「わたしはわたし」のバウンダリーが薄《うす》くなり、ほとんどなくなってしまうと、どんどん相手の気分や考えに染《そ》まってしまい、自分の軸で考えることにブレーキがかかってしまいます。メイちゃん自身は自分で考え、自分で決めていると思っているかもしれません。でもその考えや決定の中心には、常に「ヤマくんの願いや期待」があります。メイちゃんの考えがヤマくんの考えになってしまう、それがバウンダリーの侵害です。

●「わたしはわたし」をゆるがすデートDV

ヤマくんは、とても巧《たく》みにメイちゃんのバウンダリーを侵害し、メイちゃんが自分の軸で考える力を奪っていきました。**「俺がいるから友達とかいらないでしょ」「メイのためを思って言ってるんだよ」「メイがいないと俺はダメだから」。どれもメイちゃんの「わたしはわたし」という主体性を奪う言葉で、「これが正しいんだ」と信じこませています。**秘密を持つことをゆるさない、スマホを勝手に見る、行動を常に把握《はあく》したがる、プライベートの時間や他の人との関係を制限するといった行為《こうい》も同じです。相手の思考と時間を奪う、心理的なDVです。夫婦間のDVではない、いわゆる**デートDV**というものです。

DVは必ずしも暴力や暴言をともなうとは限りません。DVは支配です。相手に「お前には力がない」「自分なしでは生きていけない」と信じこませ、自分に従わせます。それも「私の意思であなたに従っている」と信じこませるのです。それを実現するのが「愛している」「君のため」という言葉や、従順《じゅうじゅん》なときに限ってみせる優しさ、容姿や服装やふるまいが「自分好み」なときに限ってほめるなどといった行為です。

メイちゃんは顔や髪や服装をほめられてうれしくなり、ほめてくれるヤマくんを「やさしい」と感じたようですが、もしメイちゃんがメイクや服装や髪型を「ヤマくん好み」でないものに変えたら、一瞬《いっしゅん》で不機嫌になったり、「似合わない」「やめたほうがいい」などと言ってくるはずです。そうなったら、メイちゃんはおそらくメイクや服装や髪型をまた「ヤマくん好み」に変えるでしょう。そうするとヤマくんはまたほめてくれます。メイちゃんは安心します。そしてヤマくんから命令されなくても、「自分の考え」でヤマくん好みの女の子になろうとするでしょう。これが心理的DVの支配なのです。

●ぐいぐい来る年上の大人に要注意

私がもうひとつ気になったのが、メイちゃんが高校生でヤマくんが大学生だということです。ヤマくんが大学何年生かは書かれていませんが、ここで問題にしたいのは「大学生が高校生を彼女にする」ということです。

もちろん、高校時代から先輩後輩で、片方が大学に行ったことで大学生と高校生の彼氏彼女、あるいは社会人と高校生の彼氏彼女という間柄《あいだがら》になるケースも多々あるでしょう。なので一概《いちがい》に「おかしい」とは言えませんが、**大学生になってから、高校生という**

明らかに立場が下な子をわざわざ相手に選ぶ、成人したのに未成年を相手に選ぶ人に対しては、ちょっと「注意のアンテナ」を高くして良いと思います。確実に自分よりも弱い立場の相手、支配しやすい相手を求めている可能性があるからです。

高校生が年上にあこがれるのはＯＫです。でも相手と対等な関係を築きたいと願う「真っ当な」大人は、どんなに魅力的な相手であっても、高校生や未成年に手は出しません。ちゃんとブレーキをかけます。ヤマくんのように、高校生に対して（メイちゃんが圧力を感じるくらい）ぐいぐいくる大人には、たとえ年齢差《ねんれいさ》が大きく開いていなくても、注意が必要だと思います。

●心理的なＤＶに気づくには

心理的なＤＶには、いくつかのサインがあります。

・年下や立場が弱い相手（自分より収入が少ない、社会的地位や学歴が低いなど）をパートナーに選ぶ傾向《けいこう》がある

・家に居づらかったり、頼れる人がいなかったり、寂《さび》しさを抱《かか》えて孤立《こりつ》しがちな人を巧みに検知してパートナーに選ぶ

・「君のため」をたくさん言ってくる

・人前でバカにしてくる
・他の友だちとのやりとりを制限する
・スマホを見たり秘密をもつことをゆるさない
・常に居場所を把握しようとする
・不機嫌でコントロールする
・「愛してる」と言ってくる

などです。

気になる人は、287ページの「デートDVチェッカー」を参考にしてください。ヤマくんがそのほとんどに当てはまっていることがわかるかと思います。

●愛ではなく、行動を見る

もしみなさんがチェッカーを使ったとき、「危険」寄りの項目《こうもく》に複数あてはまったとしても、「自分のパートナーは違《ちが》う」「私は愛されてる」と否定したくなるかもしれません。それは、心理的DVによって考える力が奪われてしまっているからかもしれません。

メイちゃんは、ヤマくんに「愛されている」と信じています。「愛されているから

DVでない」と、信じようとしているようです。

メイちゃんが愛されているのは事実です。ヤマくんにとっては、これが愛なんです。多くの場合、**DVは「愛していないから」起きるのではなく、「愛してるから」起きるのです。相手を愛していて、「愛されなくなる」不安を植えつけ、支配します。**「愛している」ではDVを否定できません。愛されていて、同時にDVを受けているケースがほとんどなのです。

ここで愛の有無を問題にすると「愛されているから」を理由に被害《ひがい》（支配）を受けつづけ、傷つきつづけてしまうので注意が必要です。愛は観察できません。量を測ることもできません。**大切なのは行動です。相手の言葉や行動が自分を脅《おびや》かさない、緊張《きんちょう》させない、不安にさせない、苦しませない、罪悪感《ざいあくかん》を抱《いだ》かせないことです。**

●助けてくれる友だちを大切に

メイちゃんは自分が心理的DVを受けていることに気づいていて、でもそのことを認め、考える力が奪われてしまっています。

そういう状態になった自分を救ってあげるのは、ひとりではむずかしいです。ですが、例えばミミちゃんのような「激ヤバだよ」と言ってくれる誰かの力を借りることで、少しずつ自分を支配の沼《ぬま》から救い出してあげることができます。

それを知っているから、ヤマくんのようなDV気質の人は、被害者の人間関係を支配して周りから孤立させようとします。最初はヤマくんの目を盗《ぬす》んで、こっそりでもいいです。ミミちゃんのような人との関係を切らないようにしてください。

●DVを受けている友だちに寄りそうとき

ミミちゃんと同じような立場の人は、被害にあっている子とちょっとの時間でも会って話すという関係を続けてください。

ただ、いきなり「激ヤバだよ」とはっきり伝えることが有効でない場合もあるので注意が必要です。**支配が強いほどパートナーを否定されると自分が攻撃《こうげき》されたように感じたり、無力感が強いほど自分が叱《しか》られたように感じてしまい、かえって遠ざかってしまう恐れがあります。**

まずはパートナーから離れて会いつづける、その時間を守ることが大切です。そして話を否定せず、聴きます。相手の感じ方が「おかしいな」と思ってもいきなり「おかしいよ」とは言わず、「そう思ってるんだね」と相手がどう思っているのかをくり返し、投げ返してあげます。友だちが「やっぱDVかも…」という疑いを深めたら、デート

ＤＶチェッカーを使って一緒に検証してみるのもよいでしょう。各都道府県にはデートＤＶ相談の窓口があり、全国からアクセスできる相談先もあります（Ｐ２９２～参照）。そういった相談先を紹介したり、一緒に相談に行くのもひとつの手です。

ＤＶ被害を受けている友だちの話を上手に聴くのはなかなかむずかしく、自分自身が疲《つか》れて、ゆらいでしまうこともあります。相談を受ける人も、各都道府県の子ども・若者を対象にした相談窓口やスクールカウンセラーなど、誰かに相談して「私の心の健康」を守ってあげてください。相談を受けている人自身が専門家とつながっていることで「今はまだ話を聞きつづけよう」「これは待ったなしで警察《けいさつ》に行かなきゃ（望まない性行為《せいこうい》や避妊《ひにん》してくれない、お金を使いこまれたり暴力を受けるなど）」という行動の指標を示してもらえ、ひとりで抱えこむことなく、適切な判断ができるようになるはずです。

●二人の関係を続けるためには？

ＤＶに気づいて、関係を築きなおしたり、あるいは相手から離れようとしても、相手によってはなかなかむずかしい場合もあります。相手は「愛してるからだ」と信じていますし、愛は嘘《うそ》ではありません。

もし関係の再構築を願うのであれば、**「あなたの愛は疑っていない。でもあなたのこ**

ういった行動は私を苦しめる」と、相手の気持ちや人格ではなく「行動」について「やめて」と伝えてみてください。その場合は必ず第三者がいて、安全が守られる場所で話しましょう。

あなたの話を静かに聴き、否定せず、行動を改めようとしてくれて、DVについて勉強したり加害者に向けた治療《ちりょう》やサポートを受けてくれて、安全な関係を築きなおす可能性はゼロではありません。でも、こう言うとがっかりさせてしまうかもしれませんが、ほとんどゼロに近いというのが事実です。

●DV彼氏から離れるために

ヤマくんのような人は、いろんな理由があって支配するという愛し方を身につけてしまいました。約20年という時間をかけて身につけてしまったその方法を変えることは、簡単ではありません。そして「ヤマくんを変える」という責任をメイちゃんが背負ってしまうと、そこでもバウンダリーのゆらぎが起きてしまいます。少し厳しい言い方になりますが、**ヤマくんと「ちゃんと別れてあげること」が、ヤマくんにとって自分の愛し方を変える小さなきっかけになるかもしれないのです。**

ただ、DV加害者と別れる、離れることも簡単ではありません。支配している相手が自分から離れることに、加害者＝支配者は強く反応し、「もうしないよ」「ごめんね」という言葉をかけたり、より支配を強めたり、いろいろな手段で引き止めようとします。

ひとりで対処することは困難なので、親や家族を頼れないときはミミちゃんのような友人とつながりつづけ、「今の状態はどうか」についての客観的な意見をもらいながら、相談窓口を利用してその時々で自分を守るための適切な行動を選んでほしいと思います。

いずれにせよ、**エネルギーのすべては自分を守ること、助けることに使いましょう。相手を変えるのは、相手の責任です。**

●ひとりでなんとかしなくていい

私たちは誰でも被害者になる可能性があります。同時に、加害者になる可能性もあります。加害者になるイメージは、被害者になるイメージより困難だったりします。しかし、私たちは誰でも例外なく、男女問わず、ヤマくんになってしまうかもしれないのです。

相手が自分の期待通りの行動をしなかったとき、願いに応えてくれなかったとき、がっかりするのは当たり前です。でもその「がっかり」が怒りに変わったり、相手を責めたくなったりしたら要注意です。相手からひどいことをされたり言われたりしたときの怒りは自分を守ってくれる大切な反応ですが、**相手が期待に応えてくれなかったことへの怒りは「相手をコントロールしたい」欲求のサインであり、自分がバウンダリーを踏《ふ》みこえてしまっているサインかもしれません。**

自分の中の「コントロールしたい欲求」は、これまで自分がかかわった、さまざまな人から影響を受けて培《つちか》われてきたものです。ひとりでなんとかするのはむずかしく、自分を孤立《こりつ》させてしまいます。自分を孤立させると、うまくいかない無力感が誰かを支配したい欲求を強めるという悪循環《あくじゅんかん》に陥《おちい》ってしまうかもしれません。

加害している人、加害してしまうかもしれない人にも誰かの支えが必要です。頼ってください。自分を支配者・加害者にしないことで、対等なパートナーシップという、最高に幸せな経験を自分にプレゼントしてあげられるはずです。

この本を読んでいる大人のみなさんへ

DVの被害者であるメイちゃんは、自分が被害を受けていることに気づいています。気づいていますが、そこから先で思考停止してしまい、自分を助けることができなくなっています。

メイちゃんが自分を助けてあげられなくなってしまった原因のひとつが、メイちゃんの周囲に安全な大人、安心して相談できる大人がいないことだと思います。

もし家の居心地がよかったら、ヤマくんとの関係を親やきょうだいに話せて、まだ支配が強まる前に「ヤバくない？」という視点を持てたかもしれません。それだけでなく、DV気質の人は家が安全でない人、頼れる誰かが身近にいない人、居場所のない人を察知することに長けています。寄る辺のない人のほうが支配しやすいからです。メイちゃんの家庭環境は、メイちゃんが加害者に「選ばれてしまった」一因になっていると私は考えます。

家庭が安全であること、家庭が安全でなくてもどこか「もうひとつの安全な場所」があることは、そこにいる子どもがDVの被害者になることも、加害者になることも防いでくれる力があります。「安全な場所」を守る条件として欠かせないのが、そこに所属する人同士で尊重し合う関係が構築できていることです。**夫婦同士で互いに尊重しあう、**

大人が子どもの話を聞き意見を尊重する、誰かが誰かを加害しない、力の強い人が弱い人のバウンダリーを尊重し、対等であろうと努める。そういった場所が子どもの生活空間にあることで、子どもは「尊重し合う関係」を自然と学ぶことができます。

生活の拠点となる家庭がそのような場であることが望ましいのは言うまでもありませんが、すべてを家庭任せにしたのでは、家庭が安全でない子どもたちが置き去りにされてしまうことになります。それを防ぐのが公教育であり、福祉です。**社会全体で子どもを育てるというのは、子どもが所属する場所が心理的に安全になること、互いに尊重し合う関係性が子どもにとって当たり前の「モデル」になることだ**と思います。

さて、私たちは私たちのパートナーと、子どもと、親やきょうだいと、友人と、尊重しあい、対等であろうとしているでしょうか。パートナーがいる人は、ぜひ改めてデートDVチェッカー（P287）を使ってみてください。心理的DVはいたるところにあります。私たちは知らないうちに、支配する・されるという不均衡な関係を、子どもにとっての「モデル」にしてしまっているかもしれません。

私たち大人が身近な誰かと心地よく、尊重し合える関係を築き、私たち自身を幸せにしてあげること。支配し苦痛を与えてくる相手から離れること。それが子どもを被害者にしないためにも、加害者にしないためにも大切なのだと思います。

PART 5

SNS 篇《へん》

中学1年生　ルルちゃんの話

我が家のスマホルール、厳しすぎ…

この春、ついにボクは中学生になった。

今まではどんなにお願いしても、「ルルにはまだ早い」「中学生になったらね」と言われつづけていたスマホ。すでに使いこなしている同級生をうらやましく思いながらも、ずっと我慢《がまん》していたスマホ。やっっっと、この日が来た！

ボクははじめてのスマホを目の前にして、天にものぼる気持ちだった。これでLINEができる。TikTokができる。YouTubeが見れるし、SNOWで盛れる。

楽しみすぎる。やばい。最高！

ところが、パパとママは「渡《わた》す前に、ルールを決めなくちゃね」と言い出した。そしてA4サイズの紙を渡してきた。その紙にはパパとママで考えたっぽい「我が家のスマホルール」なるものが印刷されていた。

【我が家のスマホルール】

1、使用時間は午前7時から午後9時まで（学校に行っている時間はのぞく）。
2、子ども用のフィルタリングをかけること。
3、家の中では、自分の部屋とリビングだけで使うこと。トイレや風呂場《ふろば》には持ちこまないこと。
4、食事中はスマホを見ないこと。
5、SNSをやるときは、アカウントを親に教えること。アカウントには鍵《かぎ》をかけて、オープンにしないこと。
6、アドレス帳《ちょう》、カメラロールの写真、LINEや着信の履歴《りれき》、SNSのフォロワー、アプリは、定期的に親がチェックすること。
7、自分や友だちの個人情報は絶対にネットに書きこまないこと。インスタにのせる写真も個人情報に気をつけること（鍵アカでも！）
8、もしも面識のない人から連絡《れんらく》が来ても、絶対に返事をしないこと。連絡先の交換《こうかん》も厳禁《げんきん》。
9、ひと月分のギガを使い切ってしまった場合は、自分のおこづかいで差額《さがく》を払《はら》うこと。
10、以上のルールが守れなかった場合は、1週間スマホ禁止。

えええええ。

厳しすぎる十ヶ条を前にして、からだの奥がズーンと重たくなってくる。こういうの、なんていうの？　冷や水を浴《あ》びせる？　セイテンのヘキレキ？？　心のなかに、「なんで？」が次から次へと湧《わ》き出てくる。

いやいやいやいや、夜9時って早すぎない？　寝《ね》る前に友だちとLINEしたいし。布団のなかで眠《ねむ》くなるまでおしゃべりもしたいし。ボクそういう感じにあこがれてたのに。あとさ、撮《と》った写真をチェックするって、何？

ボクのプライベート、ぜーんぶ見せなきゃいけないの？

それに、SNSだって、誰《だれ》にもわからないようなアカウントを使って、学校ネタとか、親に言えない気持ちとか、悩《なや》みとかを書いてみたかったし……。自分のアカウントをパパがフォローしてるのとか、想像するだけでキツインだけど。

知らない人と連絡とっちゃいけないって、厳しすぎない？　だって友だちのなかには、ネットで知り合った同担《どうたん》の人と一緒に推《お》しのライブに行った子もいる。それってめっちゃ楽しそうだし、世界も広がりそうだから、ボクもやりたかった。パパたちが気にしてるのって、怪《あや》しいおじさんとかとつながることでしょ？　そんなキモいこと、ボクがやるわけないのに。

個人情報のことだって、小学生のときに授業で習ったし、言われなくてもわかってる。いちいちこういうふうに書かれたら、信用されていないみたいで嫌だ。もう12歳だし、知識もある。ちゃんとできるのに。

だいたい、なんでボクだけ？　ママだって、食事中にSNS見てるときあるし、お風呂にスマホ持ちこんでるじゃん。パパはパパで、最近夜中までずーっとゲームしてるし。それってスマホ依存《いぞん》じゃないの？　ルールが必要なのは、パパとママじゃない？
しかも、ひとつでも破《やぶ》ったら「1週間スマホ禁止」とか、厳しすぎない？？
勉強にもスマホ使うし。スマホがないと中学生なんて生きていけないって！

ずっとずっと楽しみにしていた初スマホだったのに、なんで、こんなしょっぱなから重苦しい気持ちになるんだろう。もっと素直に喜びたかった。もっと100％ワクワクな気持ちでスタートを切りたかった。

スマホって、ボクだけの世界に連れて行ってくれる魔法《まほう》のアイテムのように思ってたんだけど……。
親って、どこまでも追いかけてくるんだなぁ。

POINT

✶初めてスマホを買ってもらうとき、
どんなことに気をつけるといいかな？

✶スマホの使い方について、
家族が心配していることは何だろう？

✶ルルちゃんは、どうしてこんなに重苦しい気持ちに
なってしまったのかな？

✶「こんなふうに使いたい」
「こんなふうに使ってほしい」
というお互《たが》いの気持ちがルールに反映《はんえい》されるためには、
どうすればいいんだろう？

そのルール、あなたを守ってくれるかな？

●そんなの無理！と言えないのはなぜ？

スマホ夜9時までとか、早すぎです。学校から帰って宿題やったらあっという間に9時ですよね。スマホ使う時間なんてないと同じ。写真とアカウントのチェックは明らかにプライバシーの侵害《しんがい》。お父さんもお母さんも守ってないルールを子どもだからって課すのは納得《なっとく》できないし、ペナルティを勝手に設定するのも横暴《おうぼう》です。

私には、ルルちゃんの不満や抗議《こうぎ》のうちほとんどは妥当《だとう》なものに思えます（全部ではありません。それについては後で話します）。

ですが、そういった主張や抗議を、ルルちゃんは声に出して伝えることができません。お父さんとお母さんが一方的なルールを作ったのは、おそらくルルちゃんが「言えない」ことをわかっているからです。

●NOと言う力が奪《うば》われてしまっていた

ここですでにバウンダリーの侵害が起きています。「親の言うことにNOと言うはずがない」という前提がそれです。

実際、ルルちゃんはNOと言えていません。心のなかではたくさんの言葉を豊かに表現できているのに、声には出せない。何かがブレーキをかけているようです。それは「どうせ言ってもむだだ」というあきらめかもしれません。「言い返したら倍返しどころじゃすまされない」という恐《おそ》れかもしれません。

いずれにせよ、これまでに「親の言うことに対してNOと言ったらよくないことが起きた」という経験があって、そこから無意識に「言わない」を選んで、言えなくなってしまったのだと思います。

つまり、**「我が家のスマホルール」は、ルルちゃんのNOという力が奪《うば》われたことで成立しているのです。**なので「我が家の」なのにそれを決める過程でルルちゃんの意見は聞かれていないし、「我が家の」なのに食事中や入浴《にゅうよく》中の使用や深夜のスマホなど親が守れていない項目《こうもく》が入っています。おかしなことだらけなのですが、「ルルちゃんはNOと言わない」という前提があるので、当然のように提示して守ることを要求してくるのです。

●大人だからって守らなくていいの？

「我が家のルールなら、お父さんもお母さんも守るよね？」

そう言い返してみたらどうなるでしょう？　それは筋が通った反論《はんろん》ですが、そうすると親は「大人と子どもは違《ちが》う」と言ってくるはずです。

では、その「違い」とはなんでしょうか？　簡単に言うと、「相手に対して責任があるかどうか」です。例えば、子どもが危険な目にあったとき、大人（親）はその責任を負います。子どもは経験値が少なく、未熟で、守られるべき存在だからです。ですが親が危険な目にあっても、子どもはなんの責任も負いません。親と子どもは、イコールではないのです。この「イコールではない」は、子どもが守られるために必要なポジション設定です。それを「子どもの意見を聞かなくていい」「子どもに意見を押しつけていい」と間違って解釈《かいしゃく》してしまう大人が多い（多すぎる）ことが問題です。

自分で自分の行動に責任をとれず、誰の行動に対しても責任を負う必要がないので、子どもは「未成年」としてさまざまな権利を制限されています。ひとりでスマホやアパートの契約《けいやく》ができない、クレジットカードも作れない、お金も借りられない、などです。特にお金にかんすることは大きなトラブルに発展しがちなので、強い制限がかかっています。

●身勝手な大人の態度にはNO!

スマホも、子どもがひとりで契約できない、親の責任のもとでしか使えないものです。ルルちゃんにとっては不本意でおもしろくないかもしれませんが、スマホは子ども向けのアイテムではありません。それを買い与えるのは大人。子どもはほしがっただけです。「子ども向けではない」と言ってNOと言うこともできたはずなのに、そうしなかった大人には責任があります。

しかしながら、「子どもの意見を尊重して、親として子どもにスマホを買い与えることを決めた」のではなく、「ほしいものを買ってあげたんだから、親の言うとおりにすべき」と考え、一方的にルールを強要する親が多いようです。それはどう見ても勝手だと、大人の私も思います。

「○○したければ△△しろ(するな)」「○○してほしくなければ△△しろ(するな)」というのは、ほとんど脅《おど》しです。脅しによって、子どもはますます意見やNOを言えなくなってしまいます。

●ほんとうに「あなたのため」のルール?

私は、ルールは必要だと思います。なぜなら、先ほど話したようにそもそもスマホは

「子ども向けのアイテムではない」からです。自分の手に余るものを使うには、「こう使うのが望ましいよ」というガイドラインが必要です。

ルールは必要、でもそのルールの必要性が当事者である子どもたちに伝わらなければ、ルールは無意味です。そして子どもたちがルールに疑いや拒絶感《きょぜつかん》を抱いてしまうのは、次の3つの点に「こじれ」が起きている場合が多いように思います。

（1）親がルールを設定するのはなんのためか？
（2）ルールが決まるまでに子どもの意見は反映されているか？
（3）ルールの中身は妥当なものか？

まず（1）ですが、「子どもを危険から守れるように」ではなく、「子どもが危険な目にあったときにその責任を親である自分が負わないように」になっているような場合です。ここでもバウンダリーの混乱が起きています。**「あなたのため」と言いながら、本音は「私たちを不安にさせないで」だからです。**

●あなたの意見は反映されているか？

次に（2）。子どもが自分にかかわることに意見を言うことができる権利（意見表明権）

は、子どもの権利条約に記されています。子どもの権利条約は、国の法律から家庭での子育てまで、子どもにかかわるあらゆる「決まり」の土台になるものです。「我が家のルール」も例外ではありません。**「これがルールね」と一方的に出すのではなく「どんなルールにしようか？」という話し合いが必要です。**

ただ、ルルちゃんは親から「話し合いをしよう」と持ちかけられたら、自分の意見や親の意見へのNOをしっかり伝えられるでしょうか。微妙《びみょう》な気がします。なぜなら、子どもは「親からちゃんと意見を聞かれた」経験を積まないと、親に意見することがむずかしいからです。

意見が出るまで待ってもらえる、言葉にできない思いを態度や表情から汲《く》んでもらえる、NOや「わからない」を大切にされる……そういう経験を重ねることで、子どもは意見が言えるようになります。ルルちゃんは心のなかではたくさんの反論をしていましたが、現実の行動としては黙《だま》って聞いていただけです。黙ることしかできなくなってしまった、いろいろな理由があるはずです。その理由がわからない親は、黙っていることを「同意」とみなします。そして「話し合ったのに何も意見がなかった」ことを、親が一方的にルールを作る言い訳にします。**子どもの「NOと言う力」が奪われたままで、大人との間に話し合いは成立しません。**

●ルールの内容は公平かな？

最後に（3）。ルールの中身にも妥当《だとう》でないものがあるように思います。使う時間や場所については、それぞれの家庭によって最適が異なるので、私が何が正しいか言うことはできません。

ギガ使い切り後の自己負担については、まず「どのくらい使ったらギガがなくなるか」という目安が明らかにされないと公平な決まりにならないと思います。

フィルタリングは、初心者マークのうちは「あったほうがいい」かもしれません。スマホは道具で、それそのものが危険なのではありません。アクセスできる情報に害のあるものがたくさんあります。

ルルちゃんは女の子ですが、女の子が見たら深く傷つくような情報（アダルトコンテンツ）は雑草のようにあちこちに生えていて、大人の私でも心がやられてしまうことがあります。必要性をしっかり説明して、同意の上で設定するならフィルタリングそのものが「やりすぎ」とは言えないかと思います。

見知らぬ人とのやりとりも同じです。ルルちゃんのお友だちはSNSを通じて「同担《どうたん》」と知り合えましたが、これはとっても幸運なことだと思います。ルルちゃんは「怪《あや》しいおじさん」じゃなければ大丈夫だと考えているようですが、誰《だれ》が「怪しいおじさん」

かわからないのがネットです。そして「怪しいおじさん」は「親に悩みが言えなくて寂しい子ども」をねらっています。

もちろん、親に言えないことを知らない誰かに話すことで心がスッとすることもありますし、無関係な第三者だから話せることもあります。ただ、そのさびしさや悩みを利用して近づこうとする大人、危ないバイトに誘《さそ》おうとする大人、子どもに性的な危害を加えようとする大人は確実に存在して、ネット上のやり取りでは見分けがつかないうえに、そういう大人はすでに自分の言いなりになっている他の子どもを利用して近づいてくることもあります。

●インターネットには悪い大人がいる

ちょっとお説教くさいことを書き連ねてしまったので、これを読んでいるみなさんはがっかりしたり腹が立ったりしているかもしれません。

どうしても「ダメ」が多くなってしまうのは、それだけネットを悪用しようとする大人がいるということなんです。悪用する大人がいて、自分を守らなければならない子どもがいる。これがネット（スマホ）の関係図です。

今は厳しいルールをつくって子どもが自分で自分を守ることしか対策できない状況《じょうきょう》で

す。でも、「危ない大人がいるから厳しいルールが必要だ」としてしまうのは、ほんとうは構図としておかしいはずなんです。あくまで「今のところしかたないよね」なんです。

●「自分でできるから大丈夫」と示すために

さて。親から言い渡《わた》されたルールについて、そして私が書いた「こんなに危ないよ」という内容について、ルルちゃんもこれを読んでいるみなさんも「そんなことわかってるし」と言いたくなっていると思います。そうですよね。親はよく子どもが「どれだけわかっているか」を確認せず「わかっていない」前提で決まりをつくってきます。これもバウンダリーの侵害です。

ですが、「どれだけわかっているか」は、なかなか相手に伝わりません。それを伝えるのが行動です。そのうえ、「わかってるけどやっちゃった」をくり返すのが人間です。「どれだけわかっているか」を伝えるためには「自分で自分の行動をちゃんと制限できた」という実績が必要ですし、「わかっちゃいるけど」は、くり返しながら行動を直していけます。

厳しすぎるルールの下で、行動で示すチャンスをつかむのは困難です。失敗して修正するチャンス」は大切で、それを提供するのも親の役目だと私は思います。ただ、失敗したときのダメージが大きすぎると修正もやり直しもなくなってしまいますし、知らない人とのやりとりと個人情報（自分や友だちの写真やプロフィール）のシェアはその大ダメージの地雷原《じらいげん》なので、避《さ》けたほうがいいと思います。自分が傷つくことを防げますし、親からの安心も得られるからです。親を安心させてから交渉《こうしょう》したほうが、効果が大きいはずです。

●プライバシーはあなたのもの

ルルちゃんの親が作った「我が家のスマホルール」の中で、明らかにNGなことがあります。SNSのアカウントや誰かとのやりとりの履歴《りれき》、写真を親に教えることです。子どもの権利条約の中には、プライバシー・通信・名誉《めいよ》の保護《ほご》（16条）と役立つ情報にアクセスする権利（17条）があります。**SNSのアカウントもリア友やネッ友とのやりとりも、写真も、すべてルルちゃんのプライバシーです。たとえ親でも、踏《ふ》みこむのはNGです。**

同時に、子どもには危険から守られる権利があります。どの権利も等しく守られなければならないので、「危険を避けるためにプライバシー保護を犠牲《ぎせい》にする」も「プライバシー保護のために危険を引き受ける」も、どちらも不適切です。どちらの権利も大切にするために必要なのが話し合いなのです。ルールは必要。まずその合意からです。

●「あなたを守るための」ルールを作ろう

さて、スマホについて不本意なルールを提案されたらどう切り返すか。これまでの解説をふまえてちょっと強引に定型文をつくるなら、

「ルールが大切なのはわかる。でも、わたしにもプライバシーが必要で、そこに踏みこまれるといくらお父さんとお母さんでも苦しいし、ふたりのことが嫌になると思う。まずはわたしが何をわかっていて、何が不安なのか聞いて、一緒にルールを作ってほしい。そしてもし間違ったり嫌な目にあったときはすぐ相談するから、そこから成長できるよう支えてほしい」

という言い方が親に響《ひび》きやすいかと思います。

これからスマホを買ってもらう予定、または買ってもらえるようお願いしようとしているなら、ぜひ自分から「ルール作り、一緒に考えて！」と親に言ってみてください。それだけで親は安心して、厳しさがゆるみます。

そして**自分から提案したほうが、ルール作りで主導権をにぎることもできます。**本心

はさておき、行動で親の安心を引き出すことはできます。

そして自分が守れるルールを自分に課して、自分を守ってあげてください。スマホは「わたしだけの世界」に連れてってくれる魔法《まほう》のアイテムではありません。むしろよりたくさんの人が、「わたしだけの世界」に土足で踏みこんでくるツールです。踏みこんでこられた先には混乱と傷つきがあります。

それをすべてシャットアウトするのではなく「安心して混乱できる」「傷ついても致《ち》命傷《めいしょう》にならずに治療《ちりょう》される」が、決まりにおける良いバランスなのだと思います。

この本を読んでいる大人のみなさんへ

学校の先生や親御さんから受ける相談の中で、スマホにかんするものはどんどん増えています。内容は使いすぎ、課金、自分や誰かの個人情報をあげてしまった、SNSでの嫌がらせなどですが、気がかりなのはほとんどのケースで「買い与えた親の責任」が問題にされないことです。

中高生に向けての解説でも書きましたが、そもそもスマホは親でないと契約できないので、子ども向けのアイテムではありません。おねだりされて、勉強や部活動を頑張るご褒美（取引）に、みんな持っているから「仲間はずれ」にされないために……どんな理由があっても買い与えたのは親の選択であり、決定です。親が決めて買い与えて、トラブルが起きて子どもの「使い方のせい」にするのは横暴です。

同じく、権利を侵害するような決まりを子どもに強要することも横暴です。権利侵害をするくらいなら最初から「与えない」という選択もできたはずです。与えた責任から逃げる、子どもの責任にする、そんな無責任な親を子どもは信頼しなくなり、どんどん話さなくなります。そしてつらいことが起きたときに話せなく、話さなくなります。

スマホにまつわる危険はさまざまで、親としての不安や心配は当然です。しかし、**不安は支配の根拠になりませんし、支配を正当化しません。「私の不安を解消するために**

支配を受け入れなさい」と迫ることは、バウンダリーの侵害であり、子どもから「わたしはわたし」の軸を奪い、自分で考え行動する力を奪います。一方的に提示するルールも、支配に他なりません。

子どもには、自分にかかわることに意見を表明する権利があります。家庭の中で権利が守られた経験は、将来自分で自分を守る土台になるはずです。**スマホに限らず、ルールを設定するときは、必ず子どもの意見を聞き、一緒に作ることが大切です。**

意見を「聞かれなれていない」子どもは、最初はなかなか意見を出せないかと思います。黙ってしまったり、「別に何もない」と言ったりするかもしれません。それを「（支配に対する）同意」と受け取らないでください。**子どもが意見を言えるようになるには、「意見を聞かれつづける」経験が必要です。**

私たちが聞きつづけ、問いかけをつづけないと、意見は出てきません。そして「意見を聞く」は「いいなりになる」ことではありません。子どもに見えていない、子どもの知らない危険や心配の種はたくさんあります。子どもと大人、それぞれ「何が見えているのか」「何が見えていないのか」をテーブルの上にのせて、子どもにとっての最善を一緒に選びます。

大切なのは説得ではなく説明です。最初から大人の意見に「同意させる」気満々では、話し合いになりません。大人の不安や願いと子どもの不安や願いとの間にバウンダリーを引くためにも、まずは説得したい気持ちをぐっと抑えましょう。

さて、スマホのルールはそれぞれの子どもたちの性格や向き不向き、生活スタイルによって最適が異なりますが、絶対に持ちこんではいけないことがあります。それがプライバシーの侵害です。親がSNSアカウントを監視したり、位置情報の共有を義務づけたり、写真や通信内容の開示を要求することは、プライバシーの保護という子どもの権利を侵害します。このルールを持ちこんだ瞬間に、親は子どもの権利を侵害する加害者になります。

秘密は「わたしはわたし」のバウンダリーを支え、尊厳を守る大切な要素です。必要なのは「困ったことが起きたら相談できる」関係性です。その関係性に自信がないと、親は子どもの秘密を暴きたくなります。ルルちゃんの親も、その自信がないのかもしれません。そして当たり前のことですが、子どもとの間に「相談できる」関係を構築できなかったのは親の責任です。

あとひとつ、自分が守れていないことを子どもに課すのも子どもが親に「冷める」一因になるので、子どもに「この親ダメだ」とあきらめられたくなければ、やめたほうがいいと思います。子どもには食事中や入浴中や深夜のスマホを禁じながら自分はやっている。その姿を見て子どもは何も言わなくても、その心は静かに親から離れているはずです。

中学2年生　クミちゃんの話

グループLINEの通知に困った！

スマホって、ないと困るけど、あったらあったでめんどくさい。

毎晩9時ごろになると、私のスマホがさわがしくふるえだす。学校の仲良しグループ10人によるグループLINEの通知音だ。


「ねむいー」

「それな」

「英語の宿題ってどこだっけ？」

「わかんない」

「練習問題の1と2だよ」

「教科書持って帰るの忘れたやばい」

「写真送ろうか？」

「助かるー！　ありがと」

「風呂《ふろ》入ってくるわ」

「今日フーちゃんやばくなかった？」

「え、どんな」

「なになに？」

「3時間目！」

「えー、なになにー」

「今、前髪《まえがみ》切ってきたわ」

「見せてー！」


こんな感じで、いつもとりとめのない会話が延々と続く。最初のころは新しい友だちとのやりとりが楽しくて、時間制限が切れる夜の11時まで、ずーっとピコピコやっていた。でもそのうち、「今日はひとりで過ごしたいな」とか、「宿題したいな」とか、「買ってきたマンガに集中したいな」と思う日も増えてきた。

かといってちょっとでも目を離すと、LINEの通知がどんどんたまっていくから、何の話か気になって見てしまい、あっというまに寝《ね》る時間……。「みんなとたくさん話せて面白かったな」という気持ちと、「今日も何もできなかった気がする」というむなしさが、いつもシーソーみたいに私のなかでゆれている。

テスト前になっても変わらずLINEのやり取りを続けたり、LINE通話をつなげっぱで勉強したりしていたらやっぱり全然集中できなくて、なんと先週の期末テストでは自分史上最低点を更新《こうしん》してしまった。

やばい。やばすぎる。このままじゃマジでダメかも。

勇気を出して、「ごめん、しばらくグループLINE離れるわ」と言うべきなのかな。それとも、「親から怒《おこ》られて、時間制限くらっちゃったから、夜の会話は参加できないわ」みたいに、親を理由にして逃《に》げればいいのかな。**でも、友だちと気まずくなったり、ぼっちになっちゃったりしても嫌だし……。**

そんなことをモヤモヤと考えていた夜、またグループLINEの通知音が鳴った。スマホを手に取ると、発言者はサトちゃんだった。いつも聞き役でスタンプ参加が多いサトちゃんからは珍《めずら》しいな、と思って開いてみたら、

「ごめん！　ちょっとひとりの時間を大事にしたいから、グループライン抜けるね。ケイちゃん、せっかく誘《さそ》ってくれたのに、ごめんね。何かあるときは、ひとりずつちゃんと連絡《れんらく》するね。これからもよろしくね」

と表示された。

え。

え？

と思っているうちに、今度は

［ｓａｔｏがグループを退出しました］

と表示されて、文字通り、サトちゃんはいなくなってしまった。

マジか。メンバーの誰《だれ》かと何かあったのかな？

いや、たぶん、サトちゃんはほんとに「ひとりの時間を大切にしたい」んだろうな。

私もサトちゃんみたいに、自分を通せたらどんなに楽だろう。でも、グループLINEのおかげで元気が出ることもあるから、離れたくない気持ちもあるし、退出まではしたくないんだよな。バランスを取るのって本当に難しい。

ぼんやりしていたら、またスマホの通知音がピコンピコンと鳴った。

「え？」

「サトちゃんどした？」

「なんかあったの？」

「えー？」

「どしたどした？」

「大丈夫？」

「急だなおい」

「なになに？」

みんな、思い思いに戸惑《とまど》っている。もし私がサトちゃんだったら……と考えると、心臓《しんぞう》がドキドキしてきた。でも、別に誰もサトちゃんを非難《ひなん》してない。驚《おどろ》いてるだけだ。

いや、でも、もしかしたら、それぞれグループＬＩＮＥの外でつながって、文句や悪口を言ってるかもしれない。明日、みんながサトちゃんに気まずい態度をとるかもしれない。

でも、だったとして、なんなの？

別に良くない？

という開き直ったような気持ちと、

いや、でも、注目を浴《あ》びるのは嫌だな。

目立ちたくない。波風立てたくない。

という不安の間で、私はいつまでもゆれていた。

今すぐサトちゃんに連絡して、どうしてサトちゃんはそんなふうに行動できるのかきいてみたくなったけど、その勇気も私にはなかった。

POINT

★クミちゃんは、グループLINEに
参加しつづけたい気持ちと離れたい気持ち、
両方の間でゆれている。どうすればいいのかな？

★サトちゃんはなぜ行動することができたのかな？
クミちゃんとの違《ちが》いはなんだろう？

★もし、グループに参加しつづけたとして、
クミちゃんのモヤモヤはどうなるかな？

★もし、サトちゃんと同じように離れることにしたとして、
そのあと他のメンバーとはどういうふうに
付き合っていけるだろう？

「わたしはわたし」の輪郭《りんかく》が大切なものを守る

●「つながり」がちょっとしんどいとき

この章を書いているのは4月です。入学や進級で新しい出会いがたくさんある季節です。初めて会った子、初めて同じクラスになった子。緊張《きんちょう》とワクワクで盛り上がって、「友だち」になって、グループができて、ぐわーって近づいて、お互《たが》いのことはまだよくわからないけどなんか楽しい。一緒にいる、つながってるだけで楽しい。そんな不思議な高揚感《こうようかん》がある、そんな人も多いんじゃないでしょうか？

ですが、もう少しすると、ぽつぽつ「疲《つか》れた」「しんどい」という声を聞くようになります。**近づきすぎてしまって、つながりすぎてしまって、「あれ、自分にとって心地よい線引きってここじゃないな？」と気づく。**でもすでにつながりすぎてしまっているので、なかなか抜《ぬ》けられない。特に今はＳＮＳを通じて、ひとりになれるはずの自分の部屋のなかにまで「つながり」が踏《ふ》みこんできます。重い、しんどい。
そんな相談が5月くらいから増えはじめます。

●あなたのバウンダリーはどこ？

わたしの時間、わたしのペース、わたしの好きなこと。それらを守るのがバウンダリーです。「友だちができた」の盛り上がりでバウンダリーはゆるゆるになります。盛り上がっているときは気づかないしんどさに、盛り上がりが冷めてくると少しずつ気づくようになります。そこでサトちゃんのように、きちんと説明をしながら、自分のバウンダリーを守る選択《せんたく》ができる子もいます。いきなりすべての関係性を断《た》ち切ってしまう（ブロックしてしまう）という不器用な守り方をする子もいます。でもほとんどの子は「なんかしんどい」と感じながら抜けられず、自分の時間が奪《うば》われつづけてモヤモヤしてしまう、クミちゃんのようなタイプです。

●大丈夫、ぼっちの寂《さび》しさは今だけ

「ひとりぼっちになったら嫌だな」とクミちゃんは言っています。なぜ「ひとりぼっち」が嫌なのでしょうか。ひとりじゃないとできないことは、世の中にたくさんあります。

自分の好きな本を読みたいときに読む、好きなときに好きな映画をみる、食べたいものを食べたいときに食べる、休みたいときに休む、行きたいところに行きたいときに行く、どれも「ひとり」じゃないと実現できません。

完全に同じタイミングで、同じことをしたい他人とは、奇跡《きせき》でも起きない限りめぐり会うことはできないからです。「話す相手がいないとさびしい」ことはあるかと思います。でも私たち、そんなにたくさん話すことがあるでしょうか。「ひとりぼっち」のメリットはたくさんあります。ですが「ひとりぼっち」はどうも嫌われているようです。

この「ぼっち」へのネガティブイメージは、だいたい高校生くらいまでの期間限定のものです。社会人は、大学生でも、ひとりで行動してひとりの時間を楽しんでいる人はたくさんいます。まわりもそれを「おかしい」とは思いません。むしろ、「ひとりでいられない」ことを未熟だとジャッジされるようになります。それが大人の社会です。高校生までの「ぼっち恐怖症《きょうふしょう》」はいったいなんだったのかと、今ふり返っても不思議です。

●「わたしはわたし」の輪郭《りんかく》を見つめてみよう

クミちゃんの話を聞いて、ひとつ仮説《かせつ》をたててみました。「わたしはわたし」のバウンダリーは、生まれたときから備わっているわけではありません。誰《だれ》かと近づいたり、離れたり、誰かに「あなたはあなた」を守ってもらったり、そういった経験を積み重ねることで、少しずつかたちづくられていきます。

子どものバウンダリーは、まだつくられている途中《とちゅう》です。あいまいで、ゆらいでいて、頼りないものです。その頼りないバウンダリーのまま「ひとりぼっち」になることは、暗闇《くらやみ》を手探りで歩くのと同じくらい心もとないものだと思います。**「わたしはわたし」の輪郭《りんかく》がなければ、安心してひとりにはなれません。**誰かと常につながって、一緒にいて、私の存在を認めてもらわないと不安でしかたなくなってしまうのだと思います。ですが、**「わたしはわたし」の輪郭、バウンダリーが頼りないままでは、不安を解消するために誰かとつながっても、近づきすぎて苦しくなってしまいます。**

一緒にいないと不安、近づきすぎても苦しい、その経験を通じて、少しずつバウンダリーがはっきりしてきます。そのタイミングはそれぞれで、サトちゃんのようにちょっと早く「わたしはわたし」がわかって、ひとりになる不安から解放される子もいます。ひとりで過ごしたい、自分の時間を大切にしたいと思いはじめたクミちゃんも、そろそろそのタイミングなのかもしれません。

●バウンダリーで、新しい関係を築く

さて。結論から言うと、グループから離れてOKです。いっそ抜けてもOKです。なぜなら、最後には必ず全員が離れて、抜けていくからです。バウンダリーがはっきりして、それを守りたいという願いが出てきた子から順番に離れていきます。遅《おそ》いか早いかだけです。そして、お互いのバウンダリーがはっきりとしたところで、新しい関係が始まります。「やっぱりこの子たちが好きだな」の場合もあれば、「実はあんまり合わなかったな。だからちょっと距離《きょり》をおこう」の場合もあります。お互いのひとりの時間、好きなこと、違《ちが》っている部分、合わない部分を大切にできる、新しい関係です。

「ひとり」になったことで別のすてきな出会いがあるかもしれません。**小学生〜高校生までの「グループ」は、通過点なのだと思います。通過点での出会いも大切です。ですが通過点に自分をしばりつけてしまうと苦しくなります。**自分を卒業させてあげていいんです。

●グループから気持ちよく卒業する方法

では、どう卒業を切り出すか。自分への負担を最小限にする方法と、残ったメンバーに勇気とチャンスを与える方法があります。

前者はクミちゃんが検討している「親のせい」にして少しずつ距離をとっていくものです。嘘《うそ》をつくのは望ましいことではありませんが、そう検討している時点でクミちゃんのなかでグループのメンバーは「嘘をついても仕方がない」、大切ではない相手になってしまっているということです。であれば、誰にも特に迷惑《めいわく》をかけない「親に禁止された」という言い訳を使ってもかまわないと思います。クミちゃんはまだちょっとゆらいでいるので、グループを完全に抜けるのではなく、ちょっと距離をとるというのが、現時点でいちばん心の負担が少ないかもしれません。

残ったメンバーに勇気とチャンスを与える方法は、サトちゃんのように「ひとりの時間を大切にしたい」と率直に伝えることです。もしかしたら、クミちゃんのように「離れたいな」「でも楽しいときもあるんだよな」「やっぱできない…」とモヤモヤしている子が他にもいるかもしれません。その子たちに「自分で決めて離れていいんだよ」と勇気と安心を届けることができるかもしれません。

●ちょっと離れて自分の時間をつくる

ただ、これはまだゆらいでいるクミちゃんにとって、ちょっとハードルが高いかと思います。クミちゃんは、自分が離れたり抜けたりした後のみんなの反応を気にしています。これについて、私は「気にしなくて大丈夫」とは言えません。バウンダリーがゆらいでいて、SNSを通じて常に誰かとつながっていないと怖《こわ》くて不安な子は、「わたしが不安だからみんなも不安なはず」「わたしが楽しいからみんなも楽しいはず」と考えがちです。「わたしはわたし、あなたはあなた」の境界線がその子のなかに存在しないか、とっても薄《うす》いからです。その状態《じょうたい》から抜け出せない子が、最後までグループに残ります。その子にとっては、グループを抜けたいと考えること自体が「意味わかんない」のです。その子もいずれ「ひとり」の大切さに気づくかもしれませんし、気づかないまま不安を抱《かか》えて大人になるかもしれません（そういう大人も一定数存在します）。

ですが、それはその子の問題です。その子を「不安にさせてはいけない」とクミちゃんが考えてしまうなら、それもまたバウンダリーのゆらぎです。ゆらいだ状態ではっきり「抜けるね」と言うのはむずかしいですし、クミちゃんの心には大きな負担になるのだと思います。

まずは「ちょっと離れる」を選ぶのが最善かと私は思います。自分ひとりの時間が増えれば、バウンダリーの輪郭はよりはっきりして「次にどうする」を自分の軸《じく》で選べるようになるはずです。

●グループはほんとうに居心地がいい？

クミちゃんはグループの「空気」をとても気にしています。ですが、その「空気」のなかにクミちゃん自身は含《ふく》まれていないようです。クミちゃんが苦しくなってしまったら、すでにグループの空気は悪くなっているということです。

ただ、それにクミちゃん以外の誰も気づいていないだけです。自分が存在しない「空気」を心配するクミちゃんにとって、もうそこは自分の居場所と言えないのではないでしょうか。友だちグループだけでなく、所属している場所の「空気を悪くしないように」我慢《がまん》している自分に気づいたら、そこが自分の居場所でなくなっているサインだと思います。その「空気」のなかに、自分自身を含めていないからです。

この本を読んでいる大人のみなさんへ

私たちが小学生、中学生、そして高校生だったときも、ぼっちが怖くて、誰かと一緒にいないと不安で、だけれどだんだんそれが苦しくなって、クミちゃんのように「抜けたいのに抜けられない」経験をした人は多いかと思います。

私もそうです。当時は今のようにインターネットが発達しておらず、スマホもなく、SNSもありませんでした。私は1979年生まれですが、高校生の時はポケベル全盛期、高校卒業くらいに携帯電話（ガラケー）やPHSを持ち始める子がほとんどでした。学校から帰ると、そこから先はひとりの時間です。その時間を埋めるように友だちと電話で（固定電話で！）話したり、ポケベルで短いメッセージを送ったりしましたが、その程度で「ひとりの時間」は埋まりません。

私は中学高校と超がつくような田舎に住んでいたので、ちょっと友だちと出かけてくるなんてできるはずもなく、退屈とさびしさを埋めるように勉強をしたり本を読んだり、アニメを見たりラジオを聴いたりしていました。見方を変えれば、学校での人付き合いに息苦しさを感じても、家に帰れば強制的にリセットできたのです。

SNSは、どこまでも追いかけてきます。そしてリセットの機会を奪います。子どもたちが「人間関係が苦しい」とつぶやくとき、その苦しさは質量とともに私たちが経験したものをはるかに上回っていることを、まず知ってください。

これは「SNSがやめられない子どもの問題」ではありません。「やめさせないSNSのシステム」の問題です。SNSはやめさせないために、常に身近に置いてチェックさせるために、システムを合理化してきました。「誰かとつながっていないと不安」な気持ちは、システム合理化と普及の養分となっています。

そしてまだバウンダリーが揺らいでその不安が特に強い子どもは、SNSを普及させるための格好のターゲットです。子どもたちの悩みの背景には、実は大人のビジネスが絡んでいるのです。ルルちゃんのケースもそうですが、「遅くまでSNSで友だちとつながっているのがリア充」というイメージ自体が、SNS普及のために（もちろん広告収入を得るために）誇張された虚像なのだと私は考えます。

ですので、子どもがそこから「ちょっと離れたい」とつぶやいたら、手助けをしてあげてほしいのです。「見なければいい」「やめればいい」では済みません。長時間利用を責めてスマホを取り上げるようなことも望ましくありません。**上手に距離をとって、自分にとって負荷の少ない、心地よいポジションを探す手伝いをしてあげてください。**

すっぱり切ることが最善な子も、ほどほど付き合うのが最善な子もいます。例えば、「親がうるさくて」という言い訳で手を貸してあげるのも、時には必要だと思います。

嘘は望ましいものではありませんが、自分をしんどくさせる出来事や人に率直に向き合う価値があるとは思いません。スマホ、SNSにかんしては、子どもが「自分で選んで、決めた」はほとんど通用しないことを、まず理解してほしいと思います。

中学1年生　カイくんの話

俺《おれ》のプライバシー、どこいった？

母親にとって、俺《おれ》はいちばんの被写体《ひしゃたい》だ。お腹にいたときも、生まれたときも、初めてのお風呂《ふろ》も、初めての離乳食《りにゅうしょく》も、初めて立ったときも、初めて歩いたときも、すべて母のスマホに写真が記録されている。まぁ、程度の差はあれ、俺の世代だと珍《めずら》しくもない話だと思う。

小学生のころは別に気にならなかった……というか、何も気にしていなかった。スマホも持ってなかったし、母の世界に触《ふ》れる機会がなかったから。

中学校に上がってスマホを買ってもらって、インスタのアカウントを取得した瞬間《しゅんかん》、おすすめ欄《らん》に母らしきアカウントが現れた。いや、「らしき」ではなく、ほぼ確定だった。アイコンは俺の赤ちゃん時代の顔写真だったし、アカウント名が「kai☆mama0801」だったから。ちなみに俺の誕生日《たんじょうび》は8月1日。いや、個人情報よ……と心のなかで突っこみながら、「kai☆mama0801」の投稿《とうこう》を見て、さらにのけぞった。

1月17日
kaiと二人三脚で頑張《がんば》ってきた○○中学への挑戦、残念ながら、桜は散りました。直前の模試ではA判定だったのに……（涙）。現実は厳しかったね。応援《おうえん》してくださっていたみなさま、ありがとうございました。kai、毎日遅くまで塾《じゅく》に通って頑張ったね。ママはお弁当で応援するくらいしかできませんでした。結果は残念だったけど、この挑戦はきっとkaiの宝物になるはず！　気持ちを切り替えて、これからも挑戦の人生を歩んでいこうね！

2月14日
ハッピーバレンタイン！　今年のkaiへのチョコレートはちょっと大人なテリーヌショコラにしました。学校から帰ってきたkaiの手には、可愛らしい紙袋が。何も言わないのでこっそりのぞくと、かわいくラッピングされたチョコレートが2つも入っていました。去年はゆうちゃんとマリちゃんからもらっていたけど、今年も同じ子かな？　なんだか誇《ほこ》らしいママでした。お返しちゃんとするんだぞ！

3月18日

kaiが最後の通知表をもらってきました。なんと、家庭科と体育、それから社会の「思考・判断・表現」の項目《こうもく》以外は、オール「たいへんよい」！　ママもびっくりです。志望校には行けなかったけど、一緒に頑張ってきたことはやっぱり無駄《むだ》じゃなかったんだね……。ママはkaiを誇りに思います。

3月20日

今日はkaiの卒業式でした。12年前にお腹を痛《いた》めて産んだ子が、もうこんなに大きくなるなんて…なんだか嬉《うれ》しいような、寂《さび》しいような気持ちです。1年生のときに学校に行きたがらなくて、保健室登校を頑張ったこと。3年生のとき友だちとのトラブルに巻きこまれて悔《くや》しい思いをしたこと。5年生で受験をすると決めて、一緒に頑張ってきたこと。ママも何度も挫《くじ》けそうになったけど、ひとつひとつ乗り越えてきたね。私たちを応援してくれたみなさんにも感謝です。Kai、本当におめでとう！　中学校に行っても、あなたらしく頑張ってね。

…え？　俺のこと、詳《くわ》しく書きすぎじゃね？

ギリ、顔は写ってないぽいけど、中受して失敗したこととか、教室に行けなかったときのこととか、チョコもらったこととか、通知表の写真まで……。入学式の写真なんて、ちょっと調べたらどこの中学校かわかるだろ。俺が周りに言ってないことを、なんで公開しまくってんの？

ていうか、いま俺が見れてるってことは、鍵《かぎ》アカじゃないってことだよな？おいおい、ネットリテラシーどうなってんの？

母親が「インスタはママの生きがい」とか、「人生で行きづまったとき、インスタのみんなに何度も救《すく》われてきたんだ」と話しているのを聞いたことがある。SNSって大変なことも多そうだけど、楽しいんだろうな、くらいに思っていたし、俺の写真ものせてるんだろうな、ということもぼんやりと理解していた。

けど、母親のインスタがここまで詳細すぎる俺祭りになっているなんて正直思っていなかった。これ、俺の友だちが見たらどうすんの？　ていうか、友だちの親とかもみんな見ちゃってんの？　嫌な予感がして、俺は母親の投稿をさかのぼっていった。そして5歳《さい》くらいまでさかのぼったとき、全身が硬直《こうちょく》した。

これ……、ほぼ裸《はだか》じゃん。

そこにはあらゆる俺の写真があった。学校行事やお出かけの写真に混ざって、お風呂に入っている写真や、パジャマに着がえている写真や、水着で公園のじゃぶじゃぶ池で遊んでいるものもあった。当時好きだったアニメの影響《えいきょう》だろう、お尻《しり》を出してふざけているのもある。どの俺もすごく幼くて無邪気《むじゃき》で楽しそうだ。そんな俺を見守りながらカメラを向ける母親もまた、きっと幸せだっただろうなと思う。

けれど時を経た今、この写真を見ている中学生の俺は、どんどん血の気が引いていくのを感じている。もう何年も前の写真だし、わざわざ母の投稿をここまでスクロールして見に来るような人はいないかもしれない。別にフルヌードってわけではないし、小さな子どもの写真なんてただほほえましいだけで、誰《だれ》もなんとも思わないかもしれない。

でも、今もこの写真がネット上に存在していることは紛《まぎ》れもない事実で、そのことに俺は心臓《しんぞう》がドキドキして、正直言って、吐《は》きそうだった。うまく説明できないのだけど、ものすごく大きくて強い、抗《あらが》えない何者かに、突然顔面を引っ叩《たた》かれたような痛みを感じた。**俺の知らない場所で、俺の写真が、母親の独《ひと》りよがりな文章と共に、何年もネットの海にたれ流されつづけていたのだ。**

無理だ。キツすぎる。

窓の外が、薄《うす》ぼんやりと明るくなっていくのを感じる。小鳥の声も聞こえてきた。母親はまだ寝《ね》ているだろう。明日も何かを投稿するつもりなのだろうか。

俺が受けたこの痛みについて、どう訴《うった》えればいいんだ？

寝てないせいか、ぼんやりとしていて、頭がうまく回らない。ただ、今までに感じたことがないくらい、最悪の気分だった。

POINT

✶カイくんが受けたショックは、
どのようなものだっただろう？

✶カイくんはお母さんに、
このつらさをどう訴《うった》えたらいいのかな？

✶「インスタは生きがい」と言うお母さんに、
「写真を削除《さくじょ》してほしい」
「アカウントを削除してほしい」
と訴えるのは、無理な要求だろうか？

✶お母さんは、カイくんとの信頼関係を
どう築きなおしていけるのだろう？

「やめて」と言う権利が あなたにはある

●カイくんのお母さんがしてしまったこと

カイくん、とてもショックで、傷ついたかと思います。**自分を守ってくれるはずの、守らなければいけない親が、その真逆の「加害」をしていたのです。**それは子どもに対する裏切りに等しい行為《こうい》です。

加害という言葉は、決して大げさではありません。カイくんのお母さんは、何重にもカイくんに害を与える行いをしています。どれがどのような害にあたるか、説明していきたいと思います。

●肖像権《しょうぞうけん》とプライバシーの権利が守られていない

まず、カイくんの写真を、カイくんの許可なしに公開しています。これは肖像権《しょうぞうけん》とプライバシーが守られる権利の侵害《しんがい》です。では、カイくんの許可《きょか》があれば良いのでしょうか。それも少し違《ちが》います。

おそらく今のカイくんなら、お母さんから「写真あげていい？」ときかれたら「NO」と言えるでしょう。しかし小学校低学年、あるいは幼児のときならどうでしょうか。「SNSに写真をのせる意味」なんて理解できず、お母さんから「いい？」ときかれて「いいよ！」と答えてしまったかもしれません。ですが、それは「同意した」と言えるでしょうか。

子どもの写真の公開については、子どもの成長の段階に応じて、丁寧《ていねい》に同意を得て、徐々《じょじょ》に制限の度合いを増していくというのが望ましいと思います。これについてひとつの正解はないのですが、例えば、赤ちゃんは個人の見分けがむずかしいので、顔だけ公開されてもそれが誰《だれ》かはわかりません。だから顔写真やベビー服を着ている全身ならOK、裸《はだか》はもちろんNG（なぜかは後で話します）。名前や場所がわかるような情報が写りこんでいるのはダメ。投稿《とうこう》の本文に名前やその他の個人情報を書きこむのもダメ。幼児になり、個人の見分けができるようになったら、公開は原則ダメ。

例えば、カイくんのお母さんのインスタアカウントは匿名《とくめい》（偽名《ぎめい》）ですが、いくら匿名でも「カイくんは kai☆mama の子ども」という情報は伝わります。誰と親子関係にあるかも、大切なプライバシーです。

●あなたの情報はあなたのもの

カイくんのお母さんにとっては、むしろ親子関係や学校といったプライベートを公開することが目的になっています。**カイくんのプライベートを、自分の道具にしているのです。カイくんに独立した人格があることを、お母さんは認めていないようです。**

写真だけではありません。カイくんの個人的なエピソードを公開するのもプライバシーの侵害です。受験したこと、バレンタインのチョコレート、成績、保健室登校、すべてカイくんの個人情報で、親はしっかりと守らなければいけません。**カイくんの個人情報は、カイくんのものです。誰に話すか、誰に秘密にするか、決める権利はカイくんにあります。**

●親が第三者に子どもの話をする理由

もちろん例外もあります。子育てに困った親が、子どもについて誰かに相談したいときなどです。例えば、カイくんが学校に行きたくなかった時期、カイくんをどう支えていいかわからないお母さんがカウンセラーに相談したとします。もちろん相談についてカイくんの同意を得ることが望ましいのですが、たとえカイくんが「ダメ」と言っても、お母さんに「カイくんにどんなふうにかかわるのが望ましいか」というプロの意見が必要なときがあります。その場合、お母さんはカイくんの同意なく第三者にカイくんのプライバシーを話すことになりますが、人の相談を受ける仕事についている人には「守秘《しゅひ》義務《ぎむ》」があります。カウンセラーがカイくんの話を他にもらすことはありません。**子どものプライベートなエピソードについても、親が子どもの同意を得ずに話していい第三者は、原則として守秘義務を課された人だけです。**

そもそも、守秘義務を課された人への相談や、お母さん自身の友だちにぽろっと「うちの子がさぁ」と話すこと、あるいは親せきへの近況報告《きんきょうほうこく》以外で、親が子どもの受験や学校生活や日常の様子を第三者に話す必要はないはずです。私にも子どもがいますが、つい子どもの言ったことやしたことをＳＮＳに書きこみたくなったり、無関係な第三者に話したくなったりしてしまうのは、私のなかの「私を見て！」の気持ちが強くなったときだと自覚しています。「こんな素敵な子どもがいる私を見て！」「私をほめて！」です。

見てほしいのは私自身、ほめてほしいのは私自身、子どもをその道具にしようとしています。道具、あるいはアクセサリーです。それは子どもに独立した人格をみとめず、「私のもの」にしているということです。「私のもの化」、これは明らかなバウンダリーの侵害です。

●知らない人に体を見られるのは危険

決してゆるされない、ゆるしてはいけない行いが、ほとんど裸の写真をあげたことです。カイくんが強いショックを受けたのは、自然な反応です。これは決して、男の子だからいい、幼い子どもだからいい、性器が写っていないからいいというものではありません。

裸（ほとんど裸）や水着の写真をオンライン上に上げることは、肖像権の侵害だけでなく、子どもが大きな危険にさらされる可能性がある、重大な加害です。カイくんにとって、そしてこの本を読んでいるみなさんたちにとって非常にショッキングなことだと思いますが、それが男の子であっても、さらには赤ちゃんであっても、まだ幼い子どもの裸や水着に性的な目線を向けて、自分の楽しみのために使う（搾取《さくしゅ》する）大人が一定数存在します。そういった大人たちは、インターネットにあがっている写真を「性的なもの」として鑑賞《かんしょう》し、利用し、集めます。自分の体が、自分の知らないところで、誰かにとって「性的なコンテンツ」にされている可能性が充分にあるのです。

くり返しますが、性別は関係ありません。どんなに幼くても、赤ちゃんでもそういった対象になります。水着姿も同じです。お母さんは、子どもへの性加害・性犯罪に、無自覚に協力してしまっていたのです。カイくんの痛《いた》み、吐《は》き気、底なしのショックと不快感は、お母さんに「私のもの化」されただけでなく、誰かにとって性的なコンテンツにされた可能性への、全身からくる拒否感《きょひかん》なのだと思います。

「もの化」のなかでも、特につらいのが性的に「もの化」されることです。ショックが抜けなくて、身体に不調を感じたり、度々思い出して身体や心が反応してしまうときは、心の傷になっているということです。その場合はカウンセリングなどでのケアが必要です（P292～の情報を参照してください）。そうなってもおかしくないくらいの「被害《ひがい》」なのです。

●「愛してるから」いいわけではない

お母さんは、カイくんのことが大好きなようです。カイくんを「私のもの化」してバウンダリーを侵害していますが、カイくんが大好きな気持ち、愛情と呼ばれるものは本物です。

4章でも触れましたが、多くの場合、**バウンダリーの侵害は「愛情」によって生じます。愛してるから、大好きだから、自分と相手との境界線を壊して、支配し「私のもの化」するのです。**

お母さんのインスタの使い方には問題が山積みです。プライバシー設定もゆるゆるで、誰かが本気を出せばすぐにカイくんの名前や学校、住所まで特定されるでしょう。お母さんにはSNSを安全に運用するだけのスキルが欠けていますし、そもそもSNSに安全はありません。危険地帯に子どもを巻きこむのは、子どもを危険から守る親の義務を放棄《ほうき》しているようなものです。

●「やめて」「削除《さくじょ》して」と伝える方法

カイくんは、お母さんにNOという権利があります。自分について書かないで。自分の写真をのせないで。そして過去の写真と投稿を削除《さくじょ》して。そう要求するのは当然で、妥当《だとう》なことです。

海外では、子ども時代に自分の写真を無断でSNSにアップした親や、広告に利用した大人に対して成人した当事者が裁判を起こす事例も起きています。カイくんの「被害」は、そのくらい大きなことなんです。

では、お母さんにどう話せばいいか。バウンダリーを侵害している親は、他ならない子どもからの拒絶《きょぜつ》に敏感《びんかん》です。お母さんのなかでは「カイくんが大切で、大好きで、その愛ゆえにSNSにあげた」という筋書きになっています。

その愛は本気です。ですから、カイくんがお母さんの「愛情」を疑ったり、拒絶するような言い方をすると、お母さんは激しく反応すると思います。それはそれでまた別のしんどさの原因になるので、できるだけ避《さ》けたいところです。

とはいえ、どんな伝え方をしてもお母さんにとっての「生きがい」に疑問を投げかけるわけですから、すんなり「わかった」とはならないでしょう。それでもお母さんの「愛情」を肯定《こうてい》したうえで伝える方法は、比較的《ひかくてき》効果があるかと思います。

具体的には、まず「お母さんが自分の知らないところで自分のことを投稿していて、自分はとても傷つき、ショックを受け、裏切られたと感じた」と伝えます。そのうえで「お母さんが自分を大切にしていることは知っている。大切にしているなら、自分を傷つけるようなことはやめてほしい」と投稿の削除を要求します。「やめて」のひとことが言えない、お母さんの反応が怖《こわ》い、そんなときの「言い方」の参考になればと思います。

ただ本当は、カイくんはこんな配慮《はいりょ》をせず、ただ「やめて」のひと言でいいはずなんです。それが通じない、受け入れられない、子どもが言い方を選ばなければいけないのは、大人の側に問題があります。

この本を読んでいる大人のみなさんへ

私は仕事で、親にバウンダリー侵害をされて傷ついた子どもの相談にのってきました。そのおかげで、自分が子どもを「私のもの化」しようとしたときに、ブレーキがかけられるようになりました。そうでなければ、私も危うかったと思います。

実際、子どもが低年齢だった頃は写真や投稿を（限定された友人の範囲内ではありますが）SNSに載せてしまって、後になってすべて削除したことがあります。私のXを見ている子どもから「私の言ったことを勝手にのせるな」と抗議を受けたこともあります。

子どもたちから「親に私物化されるのがつらい」と教えてもらって、私は気づけました。そう教えてもらえる機会がなかった、あるいは子どもの訴えに耳をふさぐ大人たちが、今日もSNSに子どものエピソードや写真を流しています。なかにはほとんど裸の写真や入浴やプールのときの写真といった危ういものもあります。背景から住所がわかりそうな写真もあります。子どもが嫌がって泣いているのをおもしろがってあげている、いじわるな投稿もあります。どの高校に合格したか、どんな成績をとったかというプライバシーもあふれています。子どもの病気や障害について書いたものもあります。どれも「危ないな」「子どもが知ったらつらいだろうな」というものばかりです。

なぜ書くのでしょう。書かずにいられないのでしょう。

子育ては正解のない、承認を得られにくい活動だというのが理由のひとつではないでしょうか。子育ては孤独です。仲間が欲しくて、わかってほしくて、ひとりじゃないと思いたい。こんな素敵な子どもを育てている私をほめてほしい。がんばりを労ってほしい。つらさに共感してほしい。それは自然な気持ちです。

私にもあります。ですが、その孤立感や無力感、不安を和らげるために「SNSで全世界に向けて子どもの情報発信」が適切な方法だとは、私には思えません。秘密を守ってくれる、信頼できる相手を探して、その人とつながれれば充分ではないでしょうか。同じ子育ての悩みを抱えたクローズドなサークルは、オンライン上にもあります。

子育ての悩みを、啓発の目的で発信する人もいます。子育ての不安やつらさ、親にとって生きづらい社会の仕組みは、子育て未経験の人にはなかなか伝わりません。それを発信することに効果がないとは言いませんが、これについても「子どもの同意」は必要です。何らかの事情で同意が得られず、しかし発信することの社会的な意義が大きい場合は、マスキングを徹底し、個人情報を確実に排除して、匿名性の高いエピソードとして発信することが望ましいと思います。それはもはやSNSでの日常垂れ流しではなく、職業的な発信に近いものになります。

それが正常ではないでしょうか。子どもの個人情報を扱うには、そのくらいの責任が必要なはずです。

大人は子どものスマホ・インターネットの使い方に対して口うるさく注意します。ですが、大人のほうもずいぶんと問題ある使い方をしているように思います。同意を得ずに子どもの個人情報を流出させ、ペドフィリア（小児性愛者）の危険性に都合よく目をつぶっています。なんのためか。自分が認められたい、ほめられたい、注目されたい、それがほとんどの理由です。

なぜ認められたいのでしょう？　ほめられたいのでしょう？　それは、私たちのなかの何かが欠けているからです。欠けている何かは、子どもの力を借りず、自分たちで埋めていきませんか。

「デートDV」ってなに？

デートDVとは、交際相手（または元交際相手）から受ける、さまざまな暴力のこと。

暴力には、なぐる、けるといった身体的な暴力だけではなく、心を傷つけることをしたり言ったりといった、精神的な暴力も含《ふく》まれます。

親密な関係にある人と一緒にいるとき、嫌なのにNOと言えなくてモヤモヤしたり、傷ついたり、相手を怖《こわ》いと感じたり……。そういうことがあるなら、あなたとその人の関係は対等ではないし、バウンダリーは守られていません。そして、あなたがされていることは「デートDV」かもしれません。

全国18歳《さい》以上の人を対象とした調査によると、交際経験がある人のうち、女性の22・7％、男性の12％が、デートDVの被害《ひがい》を受けたことがあるようです（内閣府《ないかくふ》「男女間における暴力に関する調査」令和5年度より）。つまり、珍《めずら》しいことではないのです。

ですが、自分がデートDVを受けていると気づくのは、なかなかむずかしいので、できるだけ客観的《きゃっかんてき》にチェックすることが大切。左ページでは、10代向け性教育WEBメディア「セイシル」の「デートDVチェッカー」を紹介します。交際相手との関係が良好か・危険か、色のグラデーションで度合いを表した、定規《じょうぎ》としても使えるアイテムです。

セイシル

知ろう、話そう、性のモヤモヤ

デートDVチェッカー

実物は、セイシルのサイトを
見てみてね！

良好な関係

□あなたがしたいことを大切にする
□あなたの友だちや家族も大切にする
□あなたのことを信用している
□あなたが自由にしていることを喜んでいる
□２人ですることについては、必ずあなたにも了解をとる

これは暴力

□キゲンが悪くなると無視する
□あなたが言うことをきかないと脅《おど》したり、非難《ひなん》したりする
□あなたのことをバカにする
□他の人の前でバカにした態度をする
□あなたのことを何でもコントロールしようとする
□あなたの行動を束縛《そくばく》する
□あなたの交友関係や服装に文句をつける
□メールやアプリを見ようとしたり見せろと言う
□裸《はだか》や下着の写真を送るよう求める
□あなたを友だちや家族と距離《きょり》を置かせる

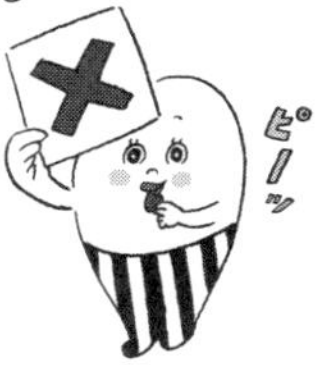

危険な状況　助けを求めて！

□自分の非を認めない、あなたの方が悪いと言う
（反対意見を言うとバカにする）
□気に入らないことがあるとキレる
□身体を押したり、引っ張ったり、ゆすったり、叩《たた》いたりする
□あなたのせいで自分が自殺《じさつ》するなどと言う
□同意なくあなたの体を触《さわ》る
□あなたの裸や下着の写真を他人に見せると脅す
□ポルノ動画を見るよう強要する
□セックスを強要する

おわりに

最後まで読んでくれてありがとうございます。そしてこの「あとがき」から読みはじめた人も、この本と出会ってくださってありがとうございます。

本書に掲載《けいさい》されているエピソードはすべて、実際の中高生の声を聞き、現実に起こりうる事態を想定して創作《そうさく》されたフィクションです。どこにも存在しない、だけれどどこにでもいる、そんな人々のエピソードからバウンダリーについて解説してきました。「私も子どものころ同じように苦しかったなぁ」と感じるものばかりでしたが、今や私も45歳、あのころ私のバウンダリーを侵害《しんがい》してきた大人の側に回ってしまいました。もちろんこういった仕事をしているので、自分の子どもや、支援《しえん》でかかわる子どもたちのバウンダリーを侵害しないよう意識はしています。ですが「あーーーやってしまった！」ということもよくあります。

なぜ、大人は子どものバウンダリーを侵害してしまうのか。この本を書きながら考えつづけました。私たち大人も子どものころからその時の大人、親や教師に管理され、理不尽なルールを押しつけられ、プライバシーを軽んじられ、決めつけられてきました。体罰《たいばつ》も今よりずっと当たり前でした。それをしんどい、いやだと感じていたとしても、「やめて」「いやだ」と言う力も奪《うば》われています。NOと言えずに受け入れ、私たちは大人になりました。当時受けたさまざまなバウンダリー侵害は、ただただ苦しいものです。ですが私たちは、自分の経験を「ただ苦しいだけのもの」だと認めることがなかなかできなくて、そこにさまざまな理由や意味をくっつけて記憶《きおく》し、くり返してしまっているのではないかと私は考えています。

つまり、多くの大人たちは、子どもに必要だから、子どものためにと「よかれと思って」バウンダリー侵害をしているということです。そんな大人に、「それはバウンダリーの侵害だからやめてほしい」と伝えることはとてもむずかしく、エネルギーが要ります。

しかし、すべての大人がそうではありません。私のように、子どものころの「いやだ」「苦しかった」記憶を、そのまま保存している大人もいます。それができるかできないかを分けたのは、ほんとうに小さな違いなのだと思います。どんな人に出会って大人になったか、どんな本や映画や音楽に出会ったか、どんな土地で暮らしたか、などです。

そして、子どものころの「いやだ」「苦しかった」経験を、そのときの苦しさのまま記憶している大人は、私のように、学校や家庭で苦しんでいる子どもを支援する職業に就《つ》くことがあります。そういった専門家の言葉なら、親や先生も聞く耳をもってくれるかもしれません。親や先生に言ってもわかってくれるはずがない、と思ったときは、間に立ってくれる誰《だれ》かを頼ってみることも効果的な方法です。身近にそういう存在がいない場合は、相談先・支援団体のリスト（P292〜）を参考にしてみてください。

この本を読んでいるみなさんのなかにも、学校や家庭で理不尽《りふじん》な経験をして、苦しんでいる人がいるかと思います。大人からの侵害に限らず、友だちや交際相手からバウンダリーを踏《ふ》みこえられて、NOと言えなくてしんどい人もいると思います。そのつらさを「つらいと感じなくしよう」としないでほしいのです。嫌なことを嫌だと感じる力を手放してしまった瞬間《しゅんかん》、バウンダリーは大きくくずれてしまいます。苦しくない、これが当たり前だ、これは必要なことなんだ、私が悪いからだ……そういうモードになってしまうからです。

バウンダリーを引き直すということは、苦しいことを苦しいと感じつづける、理不尽なことを理不尽だと感じつづけるということです。「されてよかった」「必要だ」と記憶を上書きする方がずっと楽です。ですが、ふんばってみてください。侵害する側は、必ずといっていいほど「理由」を持ち出してきます。それを受け入れる必要はありません。苦しいことは苦しい、理不尽は理不尽、搾《さく》取《しゅ》は搾取、加害は加害です。たとえNOと言えなくても、誰にも相談できなくても、「苦しいことを苦しいと感じるわたし」を肯定《こうてい》しつづけてほしいと思います。

この本がその支えになることを願って。

鴻巣麻里香《こうのすまりか》

しんどいとき、困ったときの相談先

★検索《けんさく》のコツをつかもう

インターネットで相談先を探すためには、適切な検索《けんさく》ワードを入力する必要がありますが、それは簡単なことではありません。検索ワードを間違えると、よくない情報につながってしまうからです。たとえば、ＳＮＳで「死にたい」「お金ない」と検索したり投稿《とうこう》したりするのは、さらに自分を傷つける情報につながりやすいので、やめておきましょう。

◎検索の基本フォーマット

「中学生　ｏｒ　高校生　ｏｒ　こども　ｏｒ　若者」＋「なやみごと」＋「相談」＋「住んでいる市区町村」

◎なやみごとのキーワード例

・お金がないとき→「生活困窮《こんきゅう》」「貧困《ひんこん》」
・家族のケアがつらいとき→「ヤングケアラー」
・暴力を受けている→
「虐待《ぎゃくたい》」「ＤＶ」「デートＤＶ」「性暴力《せいぼうりょく》」
・家にいたくない→「シェルター」
・悩《なや》みやつらさを相談したい→
「カウンセリング」「精神科受診《せいしんかじゅしん》」「こころの相談」
・死にたくなってしまう→「自殺予防《じさつよぼう》」

＊住んでいる地区町村を入れて検索すると、近くの相談窓口から提案されますが、入れなければ全国どこからでも相談できる窓口が出てきます。それぞれを比べて、自分に合ったところを探してみましょう。

★よい支援者《しえん》・よくない支援者

相談先に行きついたけれど、「あれ？　この人でいいのかな？」と不安に感じたら、それ以上相談するのはやめて引き返してもかまいません。左ページにあげた「よくない支援者の特徴《とくちょう》」のように、明らかにあなたのバウンダリーを侵害《しんがい》するような言動が見られた場合は、すぐに逃《に》げましょう。大人に相談して失敗すると、心が折れてしまうこともあると思いますが、精神科医の松本俊彦《まつもととしひこ》さんによると、3人に相談したら1人(10人に相談したら3人)くらいは信頼できる大人がいるといいます。ふんばってみてください。

◎よくない支援者の特徴

・立場を使ってコントロールしようとしてくる人
・その人の価値基準や正しさを押しつけてくる人
・「あなたはあなた」の尊重《そんちょう》をしてくれない人
・バウンダリーを侵害してくる人

★相談できなくてもいい

相談先が見つかったからといって、相談するという行動に移せるとは限らないと思います。だれかから傷つけられた経験によって、だれかに相談することが怖《こわ》くなる場合があるからです。相談できない自分を責めなくて、大丈夫。学校のスクールカウンセラーやスクールソーシャルワーカーを頼るのも一つの手です。

★相談先

①児童相談所《じどうそうだんじょ》 虐待対応《ぎゃくたいたいおう》ダイヤル１８９

地域の児童相談所につながります(夜間や休日は警察署《けいさつしょ》につながることもあります)。虐待《ぎゃくたい》にかんする通報や相談をすることができます。匿名《とくめい》での相談も可。つながるまでに少し時間がかかるので、緊急《きんきゅう》のときは１１０番で警察に連絡《れんらく》する方がよい場合もあります。各市町村区の警察署の生活安全課も相談、通報の窓口になってくれます。

電話：１８９

②デートＤＶ１１０番

(認定ＮＰＯ法人エンパワメントかながわ)

全国どの都道府県からでも相談できます。交際相手からの暴力や性暴力にかんして、専門の研修を受けた相談員が対応します。匿名、もしくは当事者(本人)以外からの相談も可。

電話：０５０−３２０４−０４０４
(年末年始をのぞく月曜〜土曜の19時〜21時)
HP：https://ddv110.org

③性犯罪《せいはんざい》・性暴力《せいぼうりょく》 被害者《ひがいしゃ》のための
ワンストップ支援《しえん》センター(内閣府《ないかくふ》)

性犯罪・性暴力にあったときに支援が受けられる最寄りのワンストップ支援センターにつながります。

電話: #8891

HP: https://www.gender.go.jp/policy/no_violence/seibouryoku/consult.html

④Cure time (内閣府)

性暴力の被害《ひがい》についてだけでなく、性行為《せいこうい》にまつわるモヤモヤや「これってふつうなの?」という疑問についてチャットで相談できます。相談時間は17時~21時。性別を問わず、名前を言わなくても相談可能で、10の外国語に対応しています。

HP: https://curetime.jp/

⑤にんしんSOS

一般社団法人全国妊娠《にんしん》SOSネットワークの相談窓口です。予期しない妊娠、望まない妊娠の悩《なや》みを聞き、支援してくれます。各都道府県の妊娠SOS相談窓口が対応しますが、設置されていない府県もあります。その場合は、住んでいる自治体(市区町村)の保健センターに相談すると保健師さんが力になってくれます。「〇〇市区町村保健センター」で検索できます。

HP: https://zenninnet-sos.org

⑥ユキサキチャット(認定NPO法人D×P)

悩み相談だけでなく、10代の人に対して食べ物や日用品、現金の給付《きゅうふ》支援を行っている団体です。LINEで相談できます。一時的な支援だけでなく、将来の見通しを立てるための伴走《ばんそう》支援も行っています。

HP: https://www.dreampossibility.com/yukisakichat/

★あなたに合った相談先を探すためのサイト

①あなたはひとりじゃない(内閣孤独《こどく》・孤立対策推進室《こりつたいさくすいしんしつ》)

この本でも紹介している窓口を含め、約150の相談窓口や支援制度を紹介しています。質問に答えることでそれぞれの悩みにあった相談先を教えてくれます。相談先に迷ったらまず利用してみてください。

HP: www.notalone-cas.go.jp

②まもろうよ こころ（厚生労働省）

悩みや不安、死にたい気持ちやつらさを聞いてくれる窓口を探せます。電話とSNS、それぞれの方法で相談できる窓口が案内されています。

HP: www.mhlw.go.jp/mamorouyokokoro/

③Mex 10代のためのサイト（認定NPO法人3keys）

10代のさまざまな相談に応じる相談先や居場所の情報がまとめられています。悩みの内容や住所から検索できます。①「あなたはひとりじゃない」と同じ使い方ができますが、掲載《けいさい》されている情報が少し異なるため、どちらも利用してみてください。

HP: https://me-x.jp/

④子ども情報ステーション（ぷるすあるは）

精神疾患《せいしんしっかん》やこころの不調などをかかえた親と家族、その「子ども」を応援《おうえん》するサイトです。精神疾患の家族を持つ当事者だけでなく、さまざまな悩みをかかえた子ども自身がアクセスできる相談窓口が紹介されています。

HP: https://kidsinfost.net/

⑤こどもの人権110番（法務省）

いじめや虐待《ぎゃくたい》など人権問題をあつかう相談窓口。法務《ほうむ》局《きょく》、地方法務局、人権擁護委員《じんけんようごいいん》が対応します。いじめや体罰《たいばつ》など学校での人権侵害《しんがい》や家庭内の虐待や暴力について調査、救済《きゅうさい》を行う人権救済制度もあります。

電話：0120-007-110

HP：www.moj.go.jp/JINKEN/jinken112.html

⑥各都道府県弁護士会《べんごしかい》

「子どもの手続き代理人」という制度があります。両親が離婚《りこん》するとき、あるいは離婚したあとで、だれが親権者《しんけんしゃ》になるのかなどについて、子ども自身の意見を表明できる制度です。また、たとえば病院に行きたいのに親が連れていってくれないなど親が親権者として適切な役割を果たしてくれないとき、虐待を受けているけれど助けてもらえないときや、いじめなどの人権侵害についても弁護士が力になってくれます。

HP: www.nichibenren.or.jp/legal_advice/search/other/child.html

鴻巣麻里香
こうのすまりか

KAKECOMI代表、精神保健福祉士、スクールソーシャルワーカー。1979年生まれ。子ども時代には外国にルーツがあることを理由に差別やいじめを経験する。ソーシャルワーカーとして精神科医療機関に勤務し、東日本大震災の被災者・避難者支援を経て、2015年非営利団体KAKECOMIを立ち上げ、こども食堂とシェアハウス(シェルター)を運営している。著作に『思春期のしんどさってなんだろう? あなたと考えたいあなたを苦しめる社会の問題』(2023年、平凡社)、共編著に『ソーシャルアクション! あなたが社会を変えよう!』(2019年、ミネルヴァ書房)がある。

わたしはわたし。あなたじゃない。

10代の心を守る境界線「バウンダリー」の引き方

2024年9月1日 初版第1刷発行
2025年4月29日 初版第4刷発行

著者　鴻巣麻里香
企画・構成　小宮山さくら
イラスト　みつきさなぎ
デザイン　アルビレオ
編集　當眞文
発行者　孫家邦
発行所　株式会社リトルモア
〒151-0051 東京都渋谷区千駄ヶ谷3-56-6
Tel 03-3401-1042 Fax 03-3401-1052
https://littlemore.co.jp
印刷・製本所　株式会社シナノパブリッシングプレス

 Printed in Japan ISBN 978-4-89815-594-3

視覚障害、読字障害、上肢障害などの理由で本書をお読みになれない方には、
テキストデータを提供いたしますので、下記までお申し込みください。
ご不明点やお困りの事がありましたら、お電話でもお問い合わせください。
info@littlemore.co.jp